*Kleine Paradiese
in Brandenburg*

Impressum

Bibliografische Informationen der Deutschen Nationalbibliothek
Die Deutsche Nationalbibliothek verzeichnet diese Publikation in der
Deutschen Nationalbibliografie; detaillierte bibliografische Daten sind
im Internet über http://dnb.d-nb.de abrufbar.

ISBN: 978-3-86408-193-4

Korrektorat: Berenike Schaak
Grafisches Gesamtkonzept, Titelgestaltung, Satz und Layout:
Stephanie Raubach

Edwine Bollmann · Peter Rieprich

Kleine Paradiese in Brandenburg

....

22 Versuchungen dem Alltag zu entfliehen

VERGANGENHEITS
VERLAG

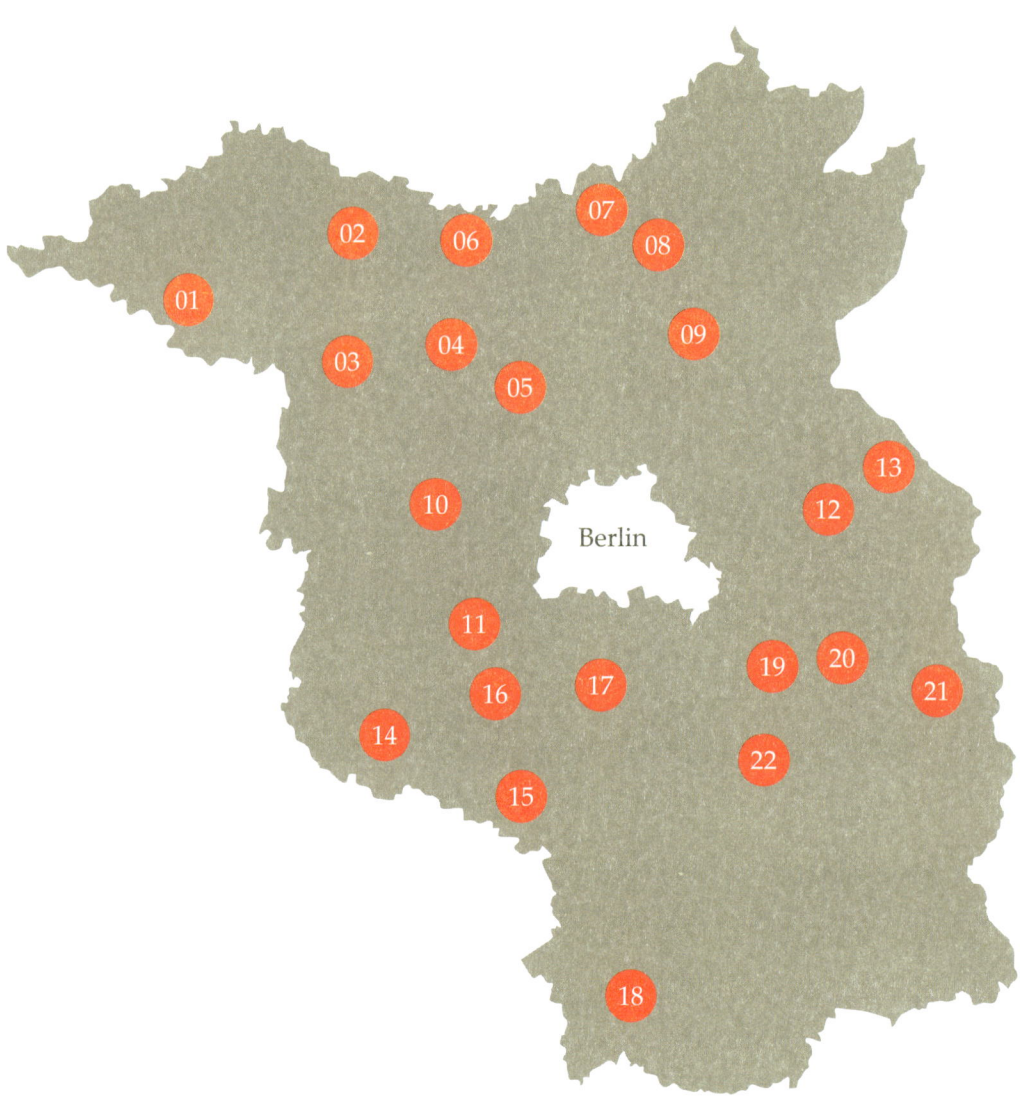

Inhalt

Brandenburg –
Balsam für die Seele

Brandenburg ist, nach Mecklenburg-Vorpommern, das mit Abstand am wenigsten besiedelte Bundesland Deutschlands. Eine große Chance für Urlauber dem Alltag zu entfliehen und die Balance von Körper und Seele im Einklang mit der Natur zu erfahren.

Die Wege durch die brandenburgische Landschaft sind geprägt durch wundervolle, schattenspendende Alleen, satte, weite Wiesen, geheimnisvolle Wälder und endlose Felder, die oftmals durch das kräftige Rot der Mohnblumen an ihrem Rande zu wahren Bilderbuchmotiven werden.

Das Erleben von Ruhe und Stille ist in diesem Bundesland Programm. Viele Gemeinden haben sich dem sanften Tourismus verschrieben, und es gilt die Vielfalt der Natur und ihre verborgenen Schätze auf ausgedehnten Wanderungen oder Radtouren aufzuspüren. Ungefähr die Hälfte der Landesfläche besteht aus Biosphärenreservaten und Naturparks, deren ganz spezielle Flora und Fauna besonders schützenswert sind.

Mit über 3.000 Seen und etwa 33.000 Kilometer Fließgewässern ist Brandenburg der Traum jedes Wassersportlers. Schmale Fließe und Kanäle können mit dem Kanu erkundet werden, Segler finden ihre Reviere auf den zahlreichen Seen, die sich oftmals zu ausgedehnten Seenketten formieren, auf Ausflugsdampfern kann man die Seele baumeln und die einzigartige Landschaft langsam an sich vorbeiziehen lassen und die totale Entschleunigung bietet wohl eine rustikale Floßfahrt.

Der Sehnsucht nach Stille frönten auch schon in früheren Zeiten unter anderen Adlige, Industrielle und Künstler, die sich an landschaftlich besonders schönen Orten ihre Refugien

geschaffen haben. Heute sind diese Schlösser, Burgen, Guts-
oder auch Ferienhäuser attraktive Ausflugziele, an denen man
in eine andere Welt eintauchen, möglicherweise die königliche
oder intellektuelle Aura noch erspüren kann. Oftmals sind diese Orte auch eine Bühne für außergewöhliche kulturelle Veranstaltungen.

Abwechslung in so viel überbordender Natur bieten die historischen Stadtkerne der kleinen, wie Streusel in der Landschaft
verteilten, Orte. In einem gemütlichen Café am Marktplatz
kann man mittelalterliche Architektur bestaunen und auch hier
feststellen, dass das Leben hier in einem anderen Takt schlägt.

In unseren 22 ausgesuchten Regionen haben wir versucht,
der Vielfalt der brandenburgischen Landschaft gerecht zu werden und das unverwechselbare Charisma der einzelnen Gegen-
den einzufangen.

Immer an der Elbe entlang

Der Fluss ist hier ständiger Begleiter.
Hat man sich in Wittenberge umgeschaut,
geht es weiter auf dem Elbdeich nach
Rühstädt, der Stadt der Störche. Hier sind
in der Brutzeit auf nahezu jedem Dach die
stolzen Vögel bei der Aufzucht ihrer Jungen
zu beobachten, bis sie sich im Spätsommer
auf den Weg in den Süden machen.
Aber auch Abstecher nach Bad Wilsnack
oder zur Plattenburg haben ihre Reize.

Wittenberge erfindet sich neu

Der Turm der Alten Ölmühle bietet einen fantastischen Blick zum einen über die Elbe und den Elberadweg auf dem Deich, zum anderen über die Stadt und ihre Relikte einer ehemaligen Industrielandschaft. Ende des 19. Jahrhunderts war Wittenberge ein quirliger Industriestandort. Da gab es die Singer-Nähmaschinenwerke, deren großer Uhrenturm noch heute ein Wahrzeichen der Stadt ist. Es gab die Tuchwerke, eine Seifen- und Fettfabrik und es gab die alte Ölmühle mit ihren zahlreichen Speichergebäuden sowie das Kranhaus zum Verladen der zahlreichen Güter. Nach dem Niedergang der Industrie lagen die Immobilien lange Jahre brach und zerfielen nach und

Im nordwestlichen Zipfel von Brandenburg erstreckt sich die Prignitz, eine Auenlandschaft zwischen Havel und Elbe mit satten, grünen Wiesen, knorrigen Trauerweiden und der Dynamik eines sich ständig verändernden Landschaftsbildes. Der Mensch gibt dem Fluss hier Raum und so bilden sich ständig neue Mäander. Durch den ehemaligen deutsch-deutschen Grenzverlauf blieb dieser Landstrich lange Zeit sich selbst überlassen und bildete ein ideales Rückzugsgebiet für seltene Tiere und Pflanzen.

nach, bis nach der Wende mutige Investoren wieder einige der Bauten zum Leben erweckten.

Die alte Ölfabrik avancierte so zu einem kulturellen Treffpunkt, in den Lagergebäuden entstand eine Brauerei sowie ein Hotel und der Turm, der früher zum Entladen der Schiffe diente, wurde zum attraktiven Mittelpunkt und Café einer Strandbar. Vom Turm aus blickt man auch auf das nahe gelegene Kranhaus, welches 1882 erbaut wurde.

Blick aus dem Café
im Turm der Alten Ölmühle
über die Elbe

Kreative Küche im Kranhaus

Das Kranhaus, erst 1998 saniert, wird bewirtschaftet vom ambitionierten Rundfunkkoch Knut Diete, der im historischen Ambiente Frisches aus der Region serviert. Durch seine Kreativität ist er immer wieder für Überraschungen gut und auch Prominente aus der Politik oder der Filmbranche zieht es immer wie-

Frische Küche in historischem Ambiente: das Kranhaus

der zu ihm. Auf der Außenterrasse direkt über der Elbe wird das kulinarische Erlebnis zusätzlich durch den wunderbar entspannenden Blick auf das Elbpanorama gekrönt.

Wittenberge verfügt noch über ganze Straßenzüge mit Häusern aus der Gründerzeit und maroder Bausubstanz. Eine ideale Filmkulisse! Bevor die Häuser der Abrissbirne zum Opfer fallen, lassen sie sich oftmals noch für Dreharbeiten vermarkten. So entstanden hier Filme wie »Neger, Neger, Schornsteinfeger« mit Veronica Ferres, »Yella« mit Nina Hoss oder auch

»Der Verleger« mit Heiner Lauterbach. Auch Szenen des Films
»Beate Uhse« wurden im Wittenberger Rathaus und in der ehemaligen Nähmaschinenfabrik gedreht. Auf diese Weise kommt
Leben in die kleine Stadt und so mancher Wittenberger kann sich
noch als Komparse oder Helfer am Set etwas dazuverdienen.

Die Heimat von Adebar

Das Gurren der Tauben auf dem Taubenhaus, das Gackern der
pickenden Hühner und das hölzerne Klappern der zahlreichen
Störche auf den Dächern der Scheunen und kleinen Landhäus-
chen mit den bunten Bauerngärten bilden die einzigartige Ge-

Einer von vielen:
der Storch in seinem Nest

Die Störche kommen regelmäßig und in großer Zahl nach Rühstädt

Die Störche kommen regelmäßig und in großer Zahl nach Rühstädt

räuschkulisse des Dörfchens Rühstädt, welches als Deutschlands größte Weißstorchkolonie gilt. 2014 nisteten hier 38 Storchenpaare, die 58 Jungstörche ausgebrütet haben. Auf vielen Dächern sind sie zu bestaunen, die grazilen Vögel in ihren rustikalen Nestern, die von April bis August das Dorf besetzen, um dann in Richtung Süden, in wärmere Gefilde aufzubrechen.

In dieser Zeit wird das Örtchen von Touristen heimgesucht, die dieses Phänomen betrachten möchten und so mancher Storch mit einem zappelnden Frosch aus der umliegenden Auenlandschaft im Schnabel wird aufs Foto gebannt. Trotz der großen Frequentierung ist es ruhig im Ort. Ein sanfter Fahrradtourismus herrscht vor.

Seit 1952 gibt es das Storchennest auf dem ehemaligen Wasserturm, seitdem wird das Kommen und Gehen der Störche und deren Nachwuchs dokumentiert.

Fürstlich übernachten

Für Menschen mit einem Faible für das Besondere ist das Schlosshotel Rühstädt genau das Richtige. Das Gebäude wurde 1782 anstelle eines abgebrannten Vorgängerbaus errichtet. Das inhabergeführte Haus wird seit 2002 als Hotel genutzt und bietet 14 individuell eingerichtete Zimmer. Schwere, dunkle Schränke, Truhen und Lüster inmitten eines Rondells tanzender Putten verbreiten nostalgischen Charme. Die hohen Decken sind reich mit Stuck verziert. Romantiker buchen ein Zimmer mit Himmelbett und Whirlpool. Für Entspannungsuchende wird vom Rosenblütenbad über Ayurveda- und Thalasso-Anwendungen ein vielseitiges Wellnessprogramm angeboten. Die Betten sind mit orthopädischen Matratzen ausgestattet, ganz auf das Wohl des Gastes bedacht. Das Frühstücksbuffet lässt keine Wünsche offen, man beginnt den Tag in dezenter Begleitung italienischer Opernarien und von der Terrasse gleitet der Blick in den Schlosspark mit seinem uralten Baumbestand. Ganz großes Kino!

links Groß und gemütlich: die Zimmer im Schlosshotel

rechts Ein besonderes Erlebnis: Residieren im Schloss Rühstädt

Treffpunkt von Wallfahrern

links Historische Häuser in Bad Wilsnack, im Hintergrund die Wunderblutkirche

rechts Eine Etappe auf der Wallfahrt: die Kirche St. Nikolai

Bad Wilsnack war bis Mitte des 16. Jahrhunderts ein berühmter Wallfahrtsort. Drei blutige Hostien, die einen verheerenden Brand im Jahre 1383 unversehrt überstanden hatten, waren der Grund für tausende von Pilgern aus dem gesamten nordeuropäischen Raum, sich auf den Weg in das Prignitzer Dorf am Rande der Elbtalaue zu machen, denn die roten Flecken auf den Hostien wurden als das Blut Christi propagiert und avancierten zum Heiligtum. So erfuhr die Stadt mit ihrer »Wunderblutkirche« St. Nikolai einen erheblichen wirtschaftlichen Aufschwung und auch heute noch wird als Andenken an diese Hochzeit jährlich das Pilgerfest zelebriert. Für Wanderer ist es zu jeder Jahreszeit verlockend, den Spuren der Pilger beispielsweise auf der 130 Kilometer weiten Strecke von Berlin nach Bad Wilsnack durch reizvolle Landschaften zu folgen und Dörfer und mannigfaltige kleine Kirchen im nördlichen Brandenburg kennenzulernen. Zudem bietet sich in Bad Wilsnack ein Besuch der Thermalsole an. Übersichtlich und beschaulich gestaltet sich der Badebetrieb im salzigen Element. Wer noch mehr für die Gesundheit tun möchte, lässt sich mit heilkräftiger Moorerde verwöhnen, die seit 1906 den Strom der Gesundheitsreisenden

ins Rollen brachte und Bad Wilsnack als Moorheilbad bekannt machte. Ein anschließender Spaziergang im hübsch gestalteten, sieben Hektar großen Kurpark macht den Tag perfekt.

Mittelalter erleben

Folgt man dem Flüsschen Karthane von Bad Wilsnack nach Osten bis zum Rande des Biosphärenreservats Flusslandschaft, trifft man auf die Plattenburg, Norddeutschlands älteste noch erhaltene Wasserburg. Recht urig geht es hier zu, wenn edle Ritter, Spielleute und Hofnarren zu mittelalterlichen Tafelfreuden einladen. Im rustikalen Gewölbe des Burgkellers sitzt der Gast in Gesellschaft ausgestopfter Adler, Marder, Füchse und Fasane, während edle Maiden Met, Bärenfang und anderes Gebräu servieren. Ein Museum klärt über die Ursprünge und Wandlungen der Burg auf, die auch als Sommersitz der havelländischen Bischöfe genutzt wurde. Der Rittersaal ist mit seiner Innenausstattung ein Juwel der Spätrenaissance und die alte, verlassene Wassermühle gegenüber mit ihrem moosbedeckten Dach mutet fast märchenhaft an. In den Teichen der Burganlage können Forellen geangelt werden. Petri Heil!

links Rundum von Wasser umgeben: die Plattenburg

rechts Deftige Speisen werden im Burgkeller serviert

Tipps Elbtalauen

ANREISE:

Mit dem Auto: Autobahn A 24
bis Abfahrt Meyenburg, weiter
auf der B 103 nach Pritzwalk
und dann auf der B 189 über
Perleberg nach Wittenberge

Mit der Bahn: mit dem ICE
oder Regionalexpress bis Wittenberge

ÜBERNACHTEN:

Schlosshotel Rühstädt,
Am Schloss 3, Rühstädt

GASTRONOMIE:

Das Kranhaus,
Elbstraße 4, Wittenberge

Alte Ölmühle Wittenberge,
Bad Wilsnacker Straße 52,
Wittenberge

SEHENSWERT:

Wunderblutkirche,
Große Straße 50, Bad Wilsnack

Plattenburg,
Auf der Burg 1, Plattenburg

NATUR:

Besucherzentrum Rühstädt,
Neuhausstraße 9, Rühstädt

FREIZEITAKTIVITÄTEN:

Radtour auf dem Elberadweg

WELLNESS:

Kristall Kur- und Gradier-
Therme, Am Kähling,
Bad Wilsnack

WEITERE INFOS:

www.wittenberge.de
www.bad-wilsnack.de

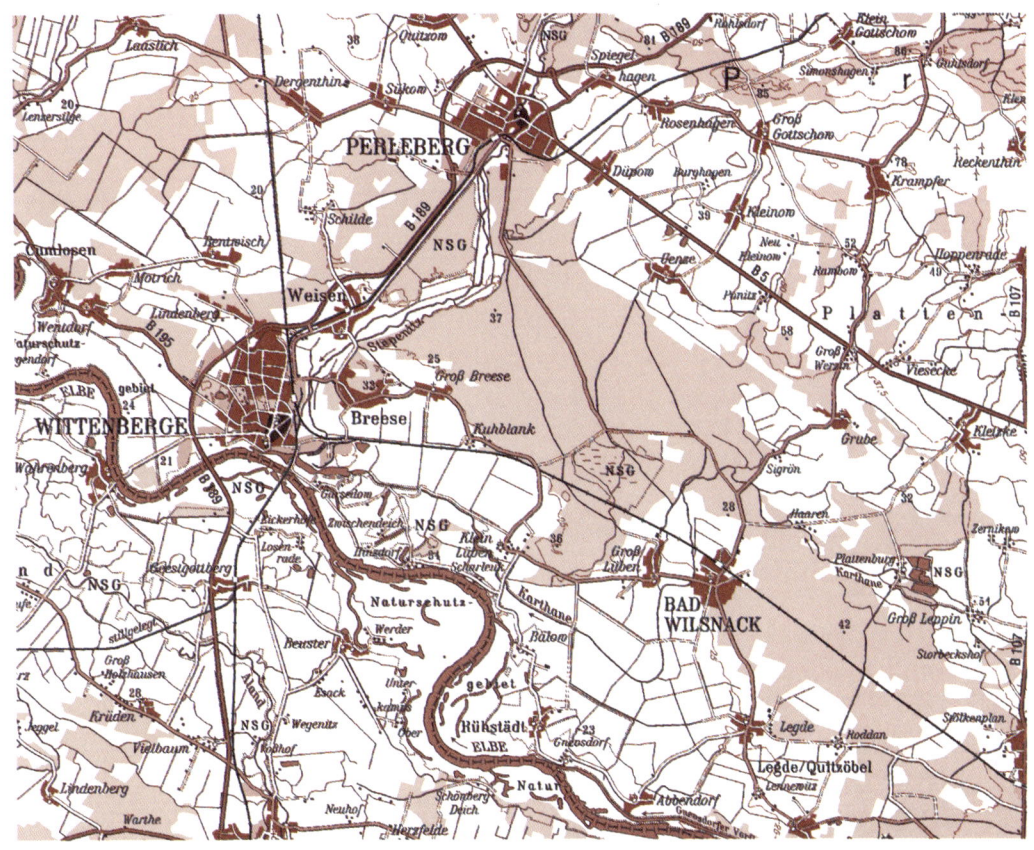

Karte Elbtalauen, © GeoBasis-DE / BKG 2014

Einkehr und Besinnung

Ein Pferd grast zufrieden auf der Weide
bei Bölzke am Rande des «Annenpfades»,
der die Wanderer von Heiligengrabe
über Wilmersdorf, Alt Krüssow nach Bölzke
und zurück zum Kloster in Heiligengrabe
führt. Dort wird ein breites Spektrum zur
meditativen Entspannung geboten.
Aber auch die historische Altstadt von
Wittstock oder das Schloss Freyenstein
sind Ziele, an denen man in die
Beschaulichkeit vergangener Zeiten
eintauchen kann.

Klosterstift und Pilgerpfad

Wenn die Klänge von Laute und Viola da Gamba über das weitläufige Klostergelände in Heiligengrabe ertönen und sich mit den Gesängen des 16. bis 18. Jahrhunderts vermischen, dann wird die Woche der alten Musik im Klosterstift der Zisterzienserinnen zelebriert. »Ora et labora«, heißt es seit dem 13. Jahrhundert für die Nonnen des Klosterstifts in der geruhsamen Landschaft der Prignitz. Nach großen Zerstörungen im Dreißigjährigen Krieg und Brandschäden Anfang des 18. und 20. Jahrhunderts nehmen die Arbeiten von Wiederaufbau, Erweiterung und Restauration bis heute kein Ende. Viele der historischen Bauten, darunter pittoreske Fachwerkgebäude, sind schon liebevoll restauriert und neuen Bestimmungen übergeben. So kann, wer innere Einkehr und totale Entspannung sucht, sich in unterschiedlichen Gebäudekomplexen des klösterlichen Areals einmieten. Je nach Gusto kann im Dormitorium im West- und Nordflügel der Abtei, im Wulffen- oder Putlitzhaus oder auch im angegliederten, kleinen »Hotel Klosterhof« Quartier bezogen werden. Wer mag, kann seinen Tag durch verschiedene Andachten strukturieren, auf dem Klostergelände flanieren und die Jahrhunderte anhand der vielen Informationsstelen zu den Äbtissinnen und anderen mit der Klostergeschichte in Verbindung stehenden Persönlichkeiten Revue passieren lassen oder auf dem alten Friedhof an der Stiftskirche die Grabsteine studieren. Aber auch im Hier und Jetzt werden

Die Landschaft der Prignitz ist geprägt durch Wiesen, Felder, Wälder und Heideflächen. Sie ist einer der am dünnsten besiedelten Landstriche Deutschlands. Kleine Flussläufe schlängeln sich durch ein seenarmes Gebiet, welches durch seine gut ausgebauten Radwege als RadReiseRegion zertifiziert ist und somit einen sanften Tourismus offeriert.

im Kloster vielerlei Veranstaltungen geboten, die dem Besucher die Begegnung mit sich selbst ermöglichen. So kann man an einem Wochenende mit meditativen Tänzen teilnehmen, Meditations- oder Kräuterseminare sowie Stick-, Mal- und Zeichenkurse besuchen. Die sommerlichen Lieder- und Konzertabende sowie der jährliche Klostermarkt mit seinen regionalen Erzeugnissen sind dann an ein größeres Publikum gerichtet, wobei auch hier die Atmosphäre des klösterlichen Umfelds wiederum zusätzlich zur Entspannung beiträgt.

In der weitläufigen Klosteranlage stehen auch Gästewohnungen zur Verfügung

Eine weitere Erfahrung des Klosteraufenthaltes kann die Bewältigung des 22 Kilometer langen Pilgerpfades, genannt Annenpfad, sein, der seinen Beginn auf dem Klosterareal hat und über Wilmersdorf, Alt Krüssow und Bölzke führt. Vor der Kirche in Bölzke erwartet den Pilger ein meditatives Labyrinth. Mitte April ist das traditionelle Anpilgern, das Pilgerwochenende »Tour de Prignitz«, an dem am Gutshof und der Kapelle des Örtchens Horst und in der Feldsteinkirche in Wernikow zur Einkehr geladen wird. Für Radpilger bietet sich die 108 Kilometer lange »Bischofstour« von Havelberg über Heiligengrabe nach Wittstock an, vorbei an mittelalterlichen Flecken, alten Bischofsburgen, Wallfahrtskirchen und Gutshäusern. Imposante Alleen führen durch eine Landschaft weiter Felder.

Kulinarische Leckerbissen auf dieser Strecke haben nicht selten themenbezogene Namen wie Pilgerpfanne, Wunderblutsüppchen, Klosterhofteller oder Bischofspizza. Das Gut Burghof in Horst verfügt übrigens über ein eigenes Jagdrevier. Jagdscheinbesitzer können hier nach Absprache jagen oder auch an der jährlich einmal stattfindenden Treibjagd teilnehmen. Auf dem Weg dorthin sollte man nicht versäumen, den circa 45 Meter hohen Aussichtsturm in Blumenthal zu erklettern, der als höchster Holzturm in Deutschland gilt und eine weite Sicht in alle Himmelsrichtungen bietet.

links Ruhe und Entspannung bietet ein Spaziergang im Klostergarten

rechts Muße mit einem guten Buch: Die Telefonzelle in Bölzke dient Bewohnern und Wanderern als Bibliothek

Suern Knieper im Klosterhof

In einem kleinen, schlichten Gastraum des Hotels »Klosterhof« werden regionale Gerichte serviert. Eine winterliche Spezialität ist der suern Knieper, eine säuerliche Kohlspeise. Auch Wildgerichte stehen auf der Speisekarte. Die Auswahl ist übersichtlich, dafür ist Frische garantiert. Große Fenster geben den Blick auf eine kleine Terrasse und das Klosterareal frei. Die Atmosphäre ist familiär.

links Das familienfreund-
liche Hotel »Klosterhof«
erfreut den Gast auch mit
regionaler Küche

rechts Es geht auch ohne
Fasten: Der Rehbraten im
Klosterhof ist eine gute
Wahl

Die Bischofsstadt Wittstock

Etwa zehn Kilometer östlich von Heiligengrabe ist Wittstock
am Flüsschen Dosse einen Besuch wert.

Im historischen Stadtkern sind viele Backsteinbauten und
auch Fachwerkhäuser erhalten, umgeben von einer beeindruckenden, etwa 2,5 Kilometer langen Stadtmauer mit Wiekhäu-
sern und dem letzten von ehemals drei Stadttoren, dem Gröper
Tor aus dem 14. Jahrhundert.

Die höchste Mauerstelle misst heute noch knapp acht Meter.
Der Stadtkern wird dominiert durch zwei Kirchen – die St. Ma-
rienkirche sowie die Heilig-Geist-Kirche – und das Rathaus.
Die engen Kopfsteinpflastergassen rund um den Marktplatz
vermitteln noch mittelalterliches Flair.

Das Rathaus von Wittstock/Dosse am Marktplatz

Zum Relaxen in einer wundervollen Dorfidylle sollte man einen kleinen Abstecher nach Jabel, circa drei Kilometer nordwestlich von Wittstock, einplanen. Direkt am Dorfanger des 1413 erstmals urkundlich erwähnten slawischen Runddorfes befindet sich in einer denkmalgeschützten Doppelhirtenkate aus dem 18. Jahrhundert ein Juwel der Entspannung, das »Sonntagscafé An der grünen Oase«. Neben leckeren, mit Buchweizenmehl gebackenen Torten nach alten Rezepten ist das Speisenangebot regional orientiert und so kann man beispielsweise Galloway-Rinderbraten vom nahe gelegenen Preußenhof in Heiligengrabe kosten, wo die zotteligen Rinder auf üppigen Weiden gezüchtet werden. Im Garten des Cafés wartet tatsächlich eine kleine Oase auf den Besucher. Der Blick auf einen Teich, eine Streuobstwiese, weidende Heidschnucken oder der Gang über eine Sinnestreppe formieren sich zu einem sinnlichen Erlebnis.

Der Zauber von Burg Freyenstein

Die malerischen Relikte der Burg muten an, wie aus einem Märchen. Den Turm der Burgruine zieren diverse Terracottafriese, und die freien Flächen um die kleinen Erkerfenster und Dachgauben schmücken vielerlei runde Reliefs mit Porträts. Die Fenster des Turms zum Innenhof sind unkonventionell schräg und erinnern an Bauten von Friedensreich Hundertwasser.

Der Schlosspark Freyenstein, etwa 17 Kilometer nördlich von Wittstock im äußersten Zipfel von Brandenburg, ist ein Anziehungspunkt zu einem entspannenden Spaziergang. Ein Schlossgebäude unweit des Burgturmes bietet heute Raum für Ausstellungen und Veranstaltungen.

Nahe Freyenstein bietet der »Hirschhof Hildebrandt« dem Erholung Suchenden neben kulinarischen Leckerbissen aus eigener artgerechter, ökologischer Weidehaltung auch erlebnisreiche Tage. So kann der Gast mit dem Traktor-Planwagen durch das 22 Hektar große Zuchtgebiet von Damwild, Highland-Rindern und Mufflons fahren, Lagerfeuer-Romantik genießen und später den Tag in der Hofsauna und am Kamin ausklingen lassen.

links Pittoresker Anblick: das Schloss in Freyenstein

rechts Oramente und Medaillons aus Terrakotta mit unterschiedlichen Porträts zieren den Burgturm

Am letzten Wochenende im August aber ist Freyenstein ein Ziel für Pferdeliebhaber, dann sorgen Springen, Dressurreiten und Gespannfahren für den kleinen Nervenkitzel in dieser beschaulichen Gegend.

Tipps Wittstock/Dosse und Heiligengrabe

ANREISE:

Mit dem Auto: Autobahn A 19 bis Abfahrt Wittstock/Dosse oder A 24 bis Abfahrt Pritzwalk, weiter nach Heiligengrabe auf der B 189

Mit der Bahn: mit dem Regionalexpress bis Wittstock/Dosse, weiter nach Heiligengrabe mit der Regionalbahn oder dem Bus

ÜBERNACHTEN:

Hotel Klosterhof, Stiftgelände 1, Heiligengrabe

GASTRONOMIE:

Hirschhof Hildebrandt, Küsterland 19, Wittstock OT Freyenstein

Sonntagscafé An der grünen Oase, Jabeler Dorfstraße 20, Heiligengrabe OT Jabel

SEHENSWERTES:

Klosterstift zum Heiligengrabe, Stiftgelände 1, Heiligengrabe

Aussichtsturm Blumenthal, Am Pötterberg 4, Heiligengrabe OT Blumenthal

Gut Burghof, Gut Burghof 10, Heiligengrabe GT Horst

Schlosspark Freyenstein, Marktstraße 48, Wittstock OT Freyenstein

FREIZEITAKTIVITÄTEN:

Das Klosterstift bietet vielfältige Angebote wie Yoga, meditative Tänze, Seminare und Exkursionen

SHOPPING:

Klosterladen, auf dem Gelände des Klosterstifts Heiligengrabe

Wurst- und Fleischspezialitäten im Hofladen Preußenhof, Am Dröbel 10, Heiligengrabe

WEITERE INFOS:

www.wittstock.de

Karte Wittstock © GeoBasis-DE / BKG 2014

Gänse, Pferde und ein Sternenpark

Man könnte stundenlang hier sitzen, langweilig wird es garantiert nicht. Allerdings sollte man ein Fernglas dabeihaben, um den unzähligen Gänsen bei ihrem munteren Treiben zuzuschauen. Wenn man sich dann am Federvieh sattgesehen hat, kann es weitergehen nach Stölln, dem Ort, wo Otto Lilienthal versuchte, den Vögeln nachzueifern und seine Fluggeräte ausprobierte. Weiter geht es zum Ritter Kalebuz oder zu den edlen Pferden des Landgestüts.

Gänse so weit das Auge reicht

Das Schnattern tausender Saat- und Blessgänse erfüllt die Luft im Naturschutzgebiet Gülper See, im Westen des Naturparks.

Der Naturpark Westhavelland, etwa 70 Kilometer westlich von Berlin, liegt an der Landesgrenze zu Sachsen-Anhalt. Hier erstreckt sich das größte zusammenhängende Feuchtgebiet des europäischen Binnenlandes.

Das Feuchtgebiet mit seinen unzähligen Wasserläufen und Rinnsalen und der See, der scheint als sei er das Ende der Welt, bieten den Wasser- und Watvögeln beste Rast- und Brutbedingungen. Von hölzernen Beobachtungstürmen lässt sich das Treiben auf dem See aus der Ferne verfolgen. Atemberaubend schön wiegt sich der Röhricht am Ufer, vor dem die Reiher in Würde und Grazie stundenlang still im Wasser stehen, während die Gänse aufgeregt im sich vom leichten Wind kräuselnden Wasser auf und ab flattern. Wie ein Landschaftsgemälde erscheint dieses Schauspiel, bei dem sich der Betrachter in völligen Einklang mit der Natur begibt.

Ein Paradies für Sternengucker

Die Einsamkeit und dünne Besiedlung dieser Region macht es möglich, dass sich hier nachts einer der dunkelsten Orte Deutschlands präsentiert. 2014 wurde dem Naturpark als erstem Ort in Deutschland der Titel »Sternenpark« verliehen. Ein Mekka für astronomisch Interessierte, die sich bei klarem Himmel schon kurz nach Sonnenuntergang auf dem Sportplatz des Örtchens Gülpe ein Stelldichein geben und mit ihren Telesko-

Vogelbeobachtungspunkt
am Gülper See

pen auf der Milchstraße unterwegs sind, um unvergleichlich
schöne Eindrücke der Sternenwelt einzufangen. Naturpark-
führer haben solche nächtlichen Touren für Sternengucker im
Programm.

Nur Fliegen ist schöner

Mitten im Naturpark erheben sich die Rhinower Berge. Zu
ihrer Popularität hat nicht zuletzt der Flugpionier Otto Lilienthal beigetragen, der Ende des 19. Jahrhunderts hier aus einer
Höhe von 110 Metern bedeutende Flugversuche unternom-
men hat. Bei einem seiner Gleitflüge ist er 1896 leider tödlich
verunglückt. Ein Gedenkstein erinnert an der Absturzstelle
an die Fliegerlegende. Die Gemeinde Stölln rühmt sich seither

mit dem ältesten Flugplatz der Welt. Auf dem Gipfel des Gollenbergs wird Lilienthal mit einem weiteren Denkmal geehrt. Wer den Aufstieg oder einen entspannenden Spaziergang in den Rhinower Bergen in Begleitung eines frei fliegenden Greifvogels verbringen möchte, kann dieses außergewöhnliche Erlebnis mit einem Falkner, ebenso wie eine Adlerjagd, buchen.

Auf der kurzen Landebahn des nahen Segelflugplatzes landete 1989 ein DDR-Passagierflugzeug. Diese Iljuschin 62, »Lady Agnes« nach der Gattin Lilienthals benannt, steht seitdem als Museum und Standesamt zwischen dekorativen Stauden und

Up, up and away: Denkmal für den Flugpionier Otto Lilienthal

Gräsern im Fliegerpark und ist einer der Anziehungspunkte der Bundesgartenschau 2015, ebenso wie das Museum Lilienthal-Centrum Stölln.

Besuch beim Ritter Kalebuz

Allerlei Abenteuer hat der Ritter Kalebuz zu seinen Lebzeiten, unter anderen in der Schlacht bei Fehrbellin gegen die Schweden, bestanden. Aber auch nach seinem Tode 1702 kam er nicht zur Ruhe. Bei einer Umsetzung seines Doppelsarges aus der Patronatsgruft des Gutes in die Gruft der Kirche von Kampehl 1794, entdeckte man, dass seine Leiche nicht verwest war. Eine Herausforderung für die Medizin. Rudolf Virchow und Ferdinand Sauerbruch versuchten, ebenso wie Koryphäen der Berliner Charité, das Rätsel der natürlichen Mumifizierung zu

lösen. Bisher ohne Erfolg. Und so kommt es, dass der ehemalige Gutsherr post mortem in seiner Gruft jede Menge Gäste empfängt und für das kleine Örtchen Kampehl als Touristenattraktion im Einsatz ist.

Erlebnisgastronomie im Ritterhof

Wenige Meter in Nachbarschaft der Gruft der alten Wehrkirche befindet sich das Restaurant »Ritterhof«, dessen Betreiber in vielerlei Hinsicht gern mittelalterliches Flair vermitteln. Ob mit deftigen Fleischbergen, dem Rittertopf oder Raubritterteller oder kleinen mittelalterlichen Spektakeln unter dem Motto: »Magd, Met und Gesang« und der Verleihung des Ritterschlages. Nichtsdestotrotz werden aber auch leichte saisonale Gerichte für den kleineren Hunger im rustikalen Ambiente offeriert. Auf Gäste, die zuviel des guten Mets genossen haben, warten Zimmer und Ferienwohnungen, in denen man herrlich den Rausch ausschlafen kann.

Gegenüber im Töpferhof Kampehl kann man Keramikkünstlern über die Schulter schauen und sehen, wie sie märkische Landschaftsmotive und Blumenmuster aufs frisch getöpferte Geschirr zaubern und somit ganz besondere Souvenirs entstehen lassen.

links Ritterliche Kost wird in der Ritterbutze aufgetischt

rechts Die Mumie des Ritters Kalebuz

Hengstparaden und andere Events

Sie heißen Bombastic, Li Charmeur, Scaglietti oder Zansibar und sind die Machos von Neustadt (Dosse), einer Stadt nördlich des Naturpark Westhavelland gelegen, auch als »Stadt der Pferde« ein Begriff. Seit der Preußenkönig Friedrich Wilhelm II. 1788 hier das Brandenburgische Haupt- und Landgestüt errichten ließ, wird an diesem Ort Pferdezucht vom Feinsten betrieben. Die jährliche Hengstparade, eine Vorstellung der Deckhengste mit Showprogramm, ist nur einer der Höhepunkte des Gestüts.

Internationale Reit- und Springturniere, Landesmeisterschaften in Dressur und Springen oder der Reitpferdeverkaufstag locken Pferdefreunde immer wieder an den Ursprungsort vieler herausragender Pferde. Die Stutenherde des Gestüts gilt als eine der wertvollsten und erfolgreichsten in Europa. Auf einer gesonderten Koppel des 400-Hektar-Areals kann man die edlen Tiere grasend mit ihren Fohlen beobachten. Das Lustwandeln zwischen den Koppeln und den durch eine prächtige Allee verbundenen Vierseithöfen von Land- und Hauptgestüt ist ein ganz besonderes Vergnügen. Der Blick gleitet über die weiten Wiesen und Felder, um sich dann an den ästhetischen Körpern der weidenden Tiere zu fangen. Ein aufregendes und zugleich beruhigendes Naturerlebnis. Eine Reitschule bietet Unterricht für Anfänger und Fortgeschrittene.

Die Krönungskutsche von Friedrich Wilhelm II. oder eine Postkutsche, die zu den Hengstparaden von 16 edlen Rössern gezogen wird, sind Paradestücke im Historischen Kutschenmuseum in der Graf-von-Lindenau-Halle neben dem Areal

des Gestüts. Alle Ausstellungsstücke stammen aus der Zeit
von 1800 bis 1950, einer Zeit, in der die Menschen sich noch
dem Rhythmus der Gelassenheit hingeben konnten.

Tipps Westhavelland

ANREISE:

Mit dem Auto: Autobahn A 24
bis Abfahrt Neuruppin,
weiter auf der B 167 nach
Neustadt (Dosse)

Mit der Bahn: Regionalexpress
bis Neustadt (Dosse)

ÜBERNACHTEN UND
GASTRONOMIE:

Ritterhof – Landhotel und
Restaurant, Kampehl 25 b,
Neustadt (Dosse)

SEHENSWERTES:

Ritter Kalebuz in der Dorfkirche
Kampehl, Neustadt (Dosse)

Sternenparkführungen:
Martin Miethke, Mittelstraße 2,
Havelaue OT Gülpe

NATUR:

Vogelbeobachtumg am
Gülper See

KULTUR:

Lilienthal-Centrum,
Otto-Lilienthal-Straße 50,
Gollenberg OT Stölln

FREIZEITAKTIVITÄTEN:

Brandenburgisches Haupt-
und Landgestüt,
Hauptgestüt 10,
Neustadt (Dosse)

Falknerei Peipe,
Dunckerplatz 9, Rathenow

SHOPPING:

Töpferhof Kampehl,
Kampehl 24, Neustadt (Dosse)

WEITERE INFOS:

www.neustadt-dosse.de

Karte Westhavelland, © GeoBasis-DE / BKG 2014

Ein Juwel im Norden Brandenburgs

*Die meisten Besucher auf der Terrasse
lassen den Blick über den See schweifen,
nehmen gelegentlich einen Schluck
von ihrem bunten Cocktail oder kühlen Bier,
beobachten das Treiben auf der Promenade,
ein einsames Sportboot, das einen leichten
Wellengang ans Ufer spült oder aber
die Schwäne, die sich auf dem Wasser
treiben lassen.*

Fontane, und immer wieder Fontane

Sicher legt der weiße Ausflugsdampfer am Steg an. Gemächlich erheben sich die Fahrgäste, blicken noch einmal über den See, den sie in der letzten Stunde umrundet haben. Einige wenden sich nach links, um nach der Bootsfahrt über die Seepromenade zu spazieren, einige nach rechts zu den Terrassen der Restaurants, aber die meisten von ihnen schlendern über den Bootsanleger geradeaus, vorbei am »Parzival am See«, einer 17 Meter hohen Edelstahlskulptur, um einen gemütlichen Rundgang durch die rasterförmig angelegte historische Altstadt zu machen, wo es neben den vielen im frühklassizistischen Stil erbauten Bürgerhäusern, einiges zu entdecken gibt. In der Siechenstraße, im Innenhof hinter der Hospitalkapelle St. Laurentius, steht das Up-Hus, das älteste erhaltene Fachwerkhaus der Stadt. Mitte des 17. Jahrhunderts als karges Domizil für verarmte Bürger gebaut, beherbergt es heute ein Restaurant und bietet eine Oase der Ruhe.

Gleich um die Ecke in der Fischbänkenstraße, ebenfalls in einem Hof, befindet sich in Nachbarschaft zum Handwerksmuseum das Hofcafé. Neben aktuellen Ausstellungen, gibt es hier als Souvenir für kleines Geld Kunst aus einem Automaten. Die Fischbänkenstraße entlang flanierend, biegt man dann links in die Karl-Marx-Straße ein und trifft auf die Löwen-Apo-

»Wer will sagen, wenn er die Ruppiner Schweiz durchwandert, wo ihr Zauber am mächtigsten wirkt ...«, so hatte schon Theodor Fontane seine liebe Mühe sich zu entscheiden, ob ihn die sanfte Hügellandschaft mit den weiten Mischwäldern oder die langgezogene Seenkette, die sich beginnend mit dem Ruppiner See im Süden über den Molchowsee, den Tietzen-, Zermützel- und Tornowsee bis zum Kalksee im Norden der Region glitzernd durch die Landschaft zieht, oder doch die Uferböschungen des Flüsschens Rhin, auf dem die Paddler geruhsam ihre Bahnen ziehen, am meisten verzaubert.

oben Eine Rundfahrt über den Neuruppiner See bietet einen entspannten Einstieg in die Ruppiner Schweiz

unten Eine von vielen Erinnerungen an Theodor Fontane: das Denkmal an der Seepromenade

theke, das Geburtshaus des Apothekersohns Theodor Fontane. Ein stattliches Bronzedenkmal steht zu Ehren des Dichters
auf dem Fontaneplatz. Ganz in der Nähe, in der Präsidentenstraße lockt der Tempelgarten mit seinen orientalisch anmutenden Gebäuden und Mauern den neugierigen Besucher zu
einem Spaziergang zwischen botanischen Besonderheiten und
barocken Sandsteinfiguren. Den kleinen Apollotempel, einst
aus Holz, ließ der »Alte Fritz«, während er als Kronprinz in
Neuruppin stationiert war, erbauen, nachdem er den Garten
1732 gegründet hatte. Den orientalischen Charakter erhielt die
Anlage, als 1853 die Kaufmannsfamilie Gentz das Anwesen
erwarb. Die türkische Villa, das Gärtnerhaus mit stilisiertem
Minarett und die Formen und Farben der Mauern und Tore
muten im brandenburgischen Umfeld doch recht exotisch an.
Heute finden sommerliche Konzerte hier ihr Publikum, wie
auch einst zu Friedrichs Zeiten Musik und Amüsement den
Garten prägten.

links Historisches Feeling
pur: die Siechengasse

rechts Bunte Blumenviel-
falt und Skulpturen im
Tempelgarten am Rande der
Altstadt

Direkt an der Seepromenade ragen die Türme der Klosterkirche Sankt Trinitatis in den Himmel, vor ihren Toren die etwa
700 Jahre alte Wichmannlinde, die auf dem Grab des Gründers
des ersten Dominikanerklosters in der Mark Brandenburg, Pri-
or Wichmann von Arnstein, gepflanzt worden sein soll. Die gotische Backsteinkirche ist Austragungsort und Kulisse manch
hochkarätiger Musikveranstaltungen sowie der alle zwei Jahre
stattfindenden Fontane-Festspiele, die das kulturelle Leben in
Neuruppin mit einem breitgefächerten Programm aus Theater,
Musik und Literatur bereichern.

Relaxen am See

Von ihren Liegestühlen genießen die Gäste der Therme den
Ausblick, spüren den lauen Luftzug, der über das Wasser zieht,
und lassen sich von der Sonne wärmen, bevor es wieder hinein-
geht in das Vergnügen der Wellness-Oase.

Auch hier darf natürlich Theodor Fontane nicht fehlen. So
sprudelt die aus 1.700 Metern Tiefe geförderte Fontane-Quelle,
eine jodhaltige Thermalsole im Resort Mark Brandenburg, einer
etwa 5.000 Quadratmeter großen Thermenlandschaft, die keine
Wünsche offen lässt. Erholung und Entspannung pur bieten
drei Sole-Außenpools, ein Süßwasser-Innenpool sowie acht
Saunen, von denen sich eine als Deutschlands größte schwim-
mende Seesauna rühmt. Beauty und Wellness ist hier die Devise und auch die Restaurants tragen mit der Qualität und
Auswahl ihrer Speisen und Getränke und ihrem unterschiedlichen Ambiente zum Wohlfühlangebot bei. Auf der großen
Terrasse des Resorts kann man den Abend relaxt ausklingen
lassen.

links Ein ganz besonderer
Platz für das Sonnenbad:
die hölzerne Terrasse der
Fontane-Therme

Entlang der Neuruppiner Seenkette

Fast geräuschlos gleiten die farbigen Boote durch das Wasser. Nur gelegentlich taucht einer der Paddler sein Paddel ins Wasser, ansonsten lassen sie sich einfach dahintreiben. Gelegentlich erspähen sie durch Bäume und Büsche an der Uferböschung einen einsamen Wanderer oder eine kleine Gruppe Radfahrer, die das gleiche Ziel haben wie sie selbst – die Boltenmühle. Der Weg dorthin führt über einsame Waldwege durch eine sanfte Hügellandschaft mit schattenspendenden Mischwäldern mit schönem altem Baumbestand. Ab und zu findet ein Sonnenstrahl durch die Baumkronen seinen Weg. Die Paddler folgen der langgezogenen Seenkette oder dem Flüsschen Rhin.

links Das Rottstielfliess zwischen Zermützel- und Tornowsee

rechts Das Wasserrad liefert die plätschernde Hintergrundmusik beim Schlemmen in der Boltenmühle

Auf dem Weg zur Boltenmühle ist das Waldmuseum Stendenitz am Zermützelsee ein lohnenswerter Zwischenstopp. Bereits 1936 eröffnet, ist es eines der ältesten Waldmuseen Deutschlands. Ganz in der Nähe in Gühlen-Glienicke befindet sich der Tierpark Kunsterspring mit dem Schwerpunkt der heimischen Fauna in ihrer natürlichen Umgebung von Wäldern, Wiesen und Feuchtgebieten.

Einkehren in der romantischen Wassermühle

Seit 1718 liegt die Boltenmühle am nördlichen Zipfel des Tornowsees in traumhafter Umgebung, mitten im Wald. Nicht nur Theodor Fontane, sondern auch Friedrich der Große war von dieser romantisch gelegenen Wassermühle am Binenbach beeindruckt. Inmitten uralter Buchenwälder ist es auch für Wanderer eine Lust, hier einzukehren. Das Mühlenareal ist liebevoll gestaltet und bietet dem Besucher neben dem gastronomischen Angebot viel Abwechslung. Eine Wiese mit Eseln, vielen lauschigen Sitzecken am Wegesrand sowie eine Mischung aus wilder Natur und Kulturpflanzen machen den Weg zum See erlebnisreich. Für das märkisch-orientierte Speisenangebot gibt es Kräuter, Gemüse und Obst aus eigenem Anbau. Die Sonnenterrasse

ist geschmückt mit mediterranen Kübelpflanzen, und so fühlt sich der Besucher zwischen Orangen-, Zitronen-, Nispero-, Olivenbäumen und Bananenstauden umgeben von südlichem Flair. Für Übernachtungsgäste steht auch eine kleine Wellnessoase am Mühlenteich mit Saunen und Solebecken zur Verfügung.

Galloway-Rinder, Gänse und Co.

Schon eine Viertelstunde bevor der Hofladen öffnet, schlendern die ersten Kunden die prachtvolle Allee hinunter, bewundern die prächtigen Pferde und Herden zottiger Galloway-Rinder, die auf der sattgrünen Weide grasen.

Im Örtchen Lichtenberg auf der anderen Seite des Ruppiner Sees inmitten eines Kranich-Luchgebietes, wo im Frühjahr und Herbst tausende von Kranichen und Gänsen Rast machen, betreibt das Gut Hesterberg, ein 1999 gegründeter Familienbetrieb, Ackerbau und Viehzucht und lässt die Öffentlichkeit gern an seiner Erfolgsgeschichte mit der Herstellung wertvoller, naturbelassener Lebensmittel teilhaben. Der Dreiseithof vermittelt den Eindruck einer Filmkulisse, alles ist extrem sauber und gepflegt. Annähernd 500 Galloway-Rinder sind der Stolz der Gutsbesitzer und weiden auf den umliegenden Wiesen ebenso wie Pferde und Ziegen, aber auch etwa 1.000 freilaufende Legehennen und 600 Gänse.

Die Produkte des Hofes können in einem Hofladen erworben oder verkostet werden. Mittwochs ist Schlachttag und der Run auf die Erzeugnisse aus artgerechter Haltung kann beginnen, aber nicht ohne vorher einen entspannenden Spaziergang über das Areal gemacht zu haben. Auch im gutseigenen

Wäldchen gibt es viel zu entdecken, das Rotwildgehege, den See oder den alten Obsthof mit einem Skulpturenpfad. Welch herrliches Landleben!

Rinder grasen auf der sattgrünen Weide beim Gut Hesterberg

Tipps Ruppiner Schweiz

ANREISE:

Mit dem Auto: Autobahn A 24 bis Abfahrt Neuruppin, weiter auf der B 167

Mit der Bahn: Regionalexpress bis Neuruppin Rheinsberger Tor

SEHENSWERTES:

Löwenapotheke (Geburtshaus Theodor Fontane), Karl-Marx-Straße 84, Neuruppin

Klosterkirche Sankt Trinitatis, Niemöllerplatz (An der Seepromenade), Neuruppin

Tempelgarten, Präsidentenstraße 64, Neuruppin

ÜBERNACHTEN:

Hotel und Restaurant Boltenmühle, Im Wald 1, Gühlen-Glienicke

GASTRONOMIE:

Café und Restaurant Tempelgarten, Präsidentenstraße 64, Neuruppin

Resort Mark Brandenburg, An der Seepromenade 20, Neuruppin

FREIZEITAKTIVITÄTEN:

Kanuverleih rhinpaddel.de, Friedrich-Engels-Straße 8, Alt-Ruppin

Fahrgastschifffahrt Neuruppin, Karl-Marx-Straße 1, Neuruppin

Tierpark Kunsterspring, Kunsterspring 4, Gühlen-Glienicke

Waldmuseum Stendenitz, Neuruppin

SHOPPING:

Hofladen Gut Hesterberg, Neuruppin OT Lichtenberg

WELLNESS:

Fontane Therme, An der Seepromenade 20–21, Neuruppin

WEITERE INFOS:

www.neuruppin.de

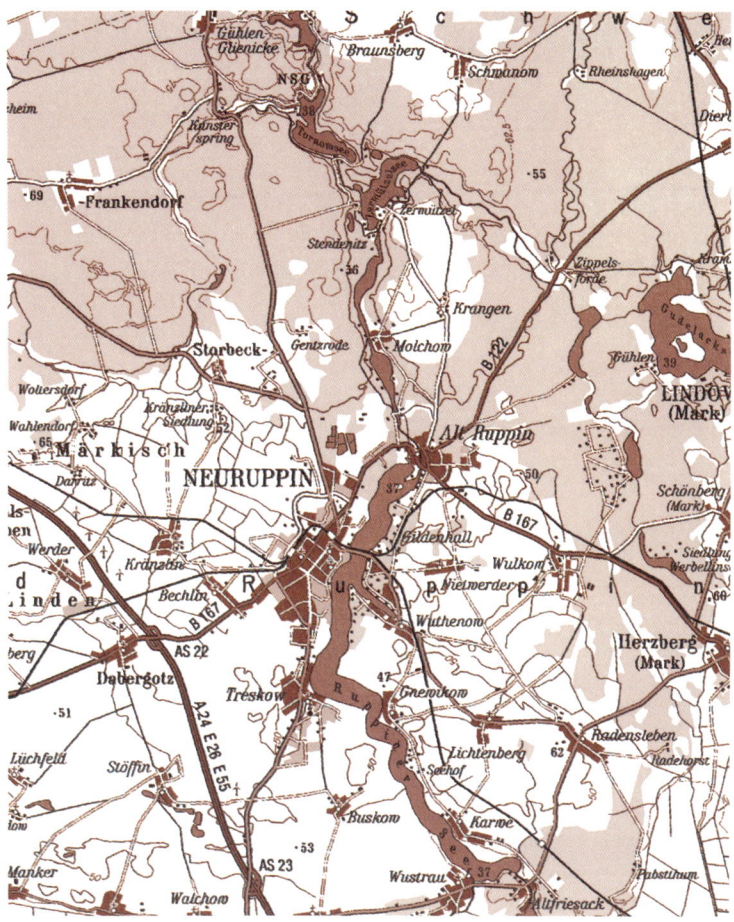

Karte Ruppiner Schweiz, © GeoBasis-DE / BKG 2014

Natur, Sport und Trödel

Hinter dem Dörfchen Linum führt der Feldweg an einem schmalen Graben entlang. Es geht vorbei an schilfgesäumten Teichen. In der Ferne hört man das Geschnatter tausender Gänse. Hier versammeln sich im Herbst Kraniche, Gänse und andere Vögel zu ihrem Flug in den Süden. Den Besucher dieser Region führt der Weg weiter nach Kremmen ins historische Scheunenviertel oder aber nach Sommerfeld, wo den Gast edle Weine und köstliche Speisen in einer Remise erwarten.

Rendevous der Kraniche

Ihre trompetenähnlichen Schreie hallen weit über das Luch. Bis zu 80.000 Tiere formieren sich von Ende September bis Anfang Oktober in dieser Region zu einem gigantischen Naturschauspiel. Westlich von Kremmen bietet das Linumer Bruch mit seiner flachen Teichlandschaft und den angrenzenden nassen Wiesen ideale Voraussetzungen für die Rast der Kraniche auf ihrem Flug aus Skandinavien oder Osteuropa in die südlichen Winterquartiere. Die abgeernteten Getreidefelder der Umgebung bieten ihnen genügend Nahrung und den Schlaf verbringen die majestätischen Vögel gern im flachen Wasser stehend. In Führungen des Naturschutzbundes kann man sich den eleganten Zugvögeln behutsam nähern und

Saftige grüne Wiesen zeichnen die Landschaft um das Städtchen Kremmen aus. Es ist eine Luchlandschaft, durchzogen von unzähligen Kanälen und Wasserläufen mit zahlreichen Teichen. Eingebettet in dieses flache Niedermoorgebiet ist der Kremmener See, der schon seit 1924 unter Naturschutz steht. Fischotter, Biber und Kraniche fühlen sich hier ausgesprochen wohl.

ihre Gewohnheiten studieren. Natur pur, in einer Landschaft, wo bis 1900 noch Torf abgebaut wurde, der als Heizmaterial nach Berlin verschifft wurde. Die Teiche sind Relikte dieser Zeit und bilden eine Wasserfläche von etwa 240 Hektar. Sie haben sich im Laufe der Jahre, auch durch die gezielte Unterstützung von Tierschützern, zum größten Binnenrastplatz Europas für Kraniche und Wildgänse entwickelt.

links Formationsflug in den Süden

rechts Stärkung für den langen Flug: Kraniche auf einem abgeernteten Getreidefeld bei Kremmen

Edle Tropfen in der Remise

Unwillkürlich bleibt man neugierig stehen, um die Auslagen in den Fenstern des mediterran anmutenden Hauses mit den großen Fensterläden zu betrachten und bemerkt mit einem Blick in den kleinen Innenhof, dass hier nicht nur auserlesene Weine angeboten werden, sondern, dass es sich hier auch um einen besonders liebevoll gestalteten Gastronomiebetrieb handelt.

links Passendes Ambiente: Weintrauben auf der Terrasse der Weinschmiede

rechts Hochwertige Weine und regionale Speisen werden in der ehemaligen Remise serviert

Nördlich von Kremmen, im Ortsteil Sommerfeld, ist die alte »Weinschmiede« in einer Remise an der Dorfstraße ein wahrer Eyecatcher. Meist kleine Bistrotische gruppieren sich um einen Teich mit Seerosen und Goldfischen, an dessen Rand sich Frösche im Schilfgras sonnen. Diese zu beobachten ist so entspannend, dass das Warten aufs Essen ausgesprochen kurzweilig wird. Der Service ist freundlich, im Angebot sind unter anderen Wildgerichte und das hausgemachte Wildschweinschmalz – auch zum Mitnehmen – gilt als Geheimtipp. Die Salate werden in unterschiedlichen Nuancen mit einem sehr delikaten Dressing aus Mango- oder Pfirsichessig serviert. Neben der kleinen, gemütlichen Gaststube, die sich hinter dem Weinladen verbirgt, stehen auch eine Scheune und ein Pferdestall für gastronomische Freuden und Weinproben oder Weinseminare zur Verfügung.

Romantik auf 64 Pfählen

Ein attraktives Ausflugsziel am Kremmener See ist die »See-Lodge«, ein Restaurant und Hotel auf dem Wald- und Seegut Kremmen, das auf 64 Pfählen direkt im See steht und mit rustikalem Holzinterieur und einem lauschigen Kamin aus Feldsteinen ein einzigartiges, romantisches Ambiente vermittelt. Die Lodge ist nach dem Vorbild kanadischer und afrikanischer Naturpark-Lodges gebaut. Ein angrenzender kleiner Strand mit Liegewiese und Seebrücke lädt ein, hier in Harmonie mit der

links Das Hotel SeeLodge ist
direkt ins Wasser gebaut

rechts Baden, Paddeln
und Angeln: Am Kremmener
See findet jeder sein Freizeitvergnügen

Natur den Tag zu verbringen und vielleicht auch Bogenschüt-
zen zu beobachten, die mit ruhiger Hand und viel Konzentra-
tion Pfeile auf bunte Zielscheiben platzieren, vorzugsweise ins
schwarze Zentrum. Romantische Sonnenuntergänge komplet-
tieren das einzigartige Lodge-Feeling.

Kunst und Kultur im Scheunenviertel

Im nahen Kremmen, wo die Deutsche Alleenstraße und die
Deutsche Tonstraße aufeinandertreffen, existiert noch eine
sehenswerte Altstadt rund um den Marktplatz mit Häusern,
die zum Teil noch aus dem Jahre 1680 stammen. Ein Teil dieser Ackerbürgerhäuser ist schon detailgetreu saniert, anderen

sieht man die Jahre und den sozialistischen Alltag noch an. Am südlichen Stadtrand lockt ein großes Scheunenviertel, welches seinen Ursprung im 17. Jahrhundert hat, mit etwa 50 Gebäuden zum gemütlichen Bummel. Künstler, Handwerker und Gastronomen haben wieder Leben in die lange verwaisten Scheunen gebracht und bieten allerlei Kulinarisches und Unterhaltsames. Das unter Denkmalschutz stehende Ensemble ist wohl deutschlandweit das größte erhaltene Scheunenviertel und allemal sehens- und erlebenswert. Wegen diverser Brandkatastrophen wurden die Scheunen einst aus der Stadt verbannt. Heute sind sie Mittelpunkt des kulturellen Lebens und Anziehungspunkt auch für die Menschen aus dem Umland. Museums-, Theater- und Musikscheune bieten ein abwechslungsreiches Programm.

Erholsame Hobbys an der Peripherie

Nordwestlich des Naturschutzgebietes, inmitten der Luchlandschaft, liegt das Örtchen Wall mit einem 18-Loch-Golfplatz, der nach skandinavischem Vorbild familienfreundlich betrieben wird, ganz leger und fern vom elitären Status so mancher Konkurrenten. Die besondere Attraktion dort ist, ne-

ben dem traditionellen Golfspiel, Fußballgolf, eine Kombination beider Sportarten, bei der man mit möglichst wenig Kicks Hindernisse bewältigen und am Ende jeder der neun Spielbahnen einlochen muss. Eine schöne Herausforderung für die ganze Familie. Zum Ausklang der sportlichen Aktivitäten kann man beim Relaxen auf der Terrasse des Clubhauses den weiten Panoramablick über das scheinbar unendliche Green genießen.

Das »Pferdedorf Hohenbruch« nordöstlich von Kremmen ist ein Eldorado für Pferdefreunde. Diverse Reiterhöfe bieten eine breite Palette von Angeboten und ob beim Striegeln oder Ausritt auf den sattgrünen Wiesen, die Entspannung ist garantiert.

links Alten Trödel und hochwertige Antiquitäten kann man in manch einer Scheune erwerben

rechts Am angenehmsten lässt sich das Scheunenviertel vom Pferdewagen aus entdecken

links Traumziel für Golfer: der 18-Loch-Golfplatz in Wall

rechts Nicht nur zum Anschauen: Auf den Pferdehöfen rund um Kremmen können die Pferde auch geritten werden

Ein Genuss ganz anderer Art ist ein Flug im Ultraleicht-Flugzeug. Auch hierzu bietet Hohenbruch mit seinem Sonderlandeplatz den richtigen Anlaufpunkt, um die schöne Luchlandschaft einmal aus ganz anderer Perspektive zu erleben.

Geruhsamer Schlaf mit Wärmflasche

In einem prächtigen alten Park gelegen, residierte von 1798 bis 1828 Feldmarschall Fürst von Blücher in diesem brandenburgischen Herrenhaus »Schloss Ziethen«, welches seine Ursprünge im 14. Jahrhundert hat.

Seit 1997 wird das Anwesen als Hotel geführt und präsentiert Räume aus verschiedenen Jahrhunderten, ein interessanter Mix von Zimmern im Schloss und Apartments im ehemaligen Kornspeicher stehen dem Gast zur Verfügung. Tee und Wärmflasche im Zimmer sind obligatorisch. Diverse gemütliche Salons und die Orangerie buhlen um die Gunst des Gastes.

Musikalische Veranstaltungen und Lesungen sorgen immer wieder für gepflegte Unterhaltung. Auch als ein Austragungsort der »Havelländischen Musikspiele« bietet Schloss Ziethen die ideale Kulisse. Und während die Klänge von Klavier und Violine zum künstlerischen Hochgenuss beitragen ist dies der perfekte Beginn einer wunderbaren Nacht auf dem Schloss.

Zimmer und Apartments in fürstlichem Gebäude: das Schloss Ziethen

Tipps Rhinluch

ANREISE:

Mit dem Auto: Autobahn A 24
bis Abfahrt Kremmen, weiter
auf der B 273

Mit der Bahn: Regionalexpress
bis Kremmen oder mit dem Bus
von Oranienburg

ÜBERNACHTEN:

Schloss Ziethen,
Alte Dorfstraße 33,
Kremmen OT Groß-Ziethen

SeeLodge, Am See 4 a,
Kremmen

GASTRONOMIE:

Weinschmiede Joachim Kaiser,
Dorfstraße 28, Kremmen OT
Sommerfeld

New Coldehörn,
Scheunenweg 30, Kremmen

KULTUR:

Theaterscheune,
Scheunenweg 11, Kremmen

FREIZEITAKTIVITÄTEN:

Golf in Wall,
Am Königsgraben 1, Wall

Reiterhof Wall,
Hohenbrucher Dorfstraße 21,
Kremmen OT Hohenbruch

SHOPPING:

Verschiedene Kunst- und
Antiquitätenläden im
Scheunenviertel

WELLNESS:

Hotel und SPA Sommerfeld,
Beetzer Straße 1 a,
Kremmen OT Sommerfeld

WEITERE INFOS:

www.kremmen.de

Karte Kremmen, © GeoBasis-DE / BKG 2014

....

Wasserparadies und Kultur- genuss

....

*Ob mit Paddel-, Segel- oder Motorboot –
alle scheinen auf dem Wasser unterwegs zu
sein. Die Freizeitkapitäne genießen den Blick
auf das Schloss Rheinsberg von der Seeseite,
schippern weiter zum malerischen Hafendorf
und entspannen sich im seicht schaukelnden
Boot, wenn sie am Ufer festmachen.*

Traumziel für Verliebte

Die Rheinsberger Seenplatte, ein beeindruckendes Wasserparadies, erstreckt sich nördlich von Rheinsberg im Naturpark Stechlin-Ruppiner Land. Mit ihren weitgehend klaren Seen und der hügeligen Waldlandschaft und sauberen Luft lädt sie ein zum tiefen Durchatmen und zu purer Entspannung. In den Wäldern dominieren Buchen und ein Netzwerk von Seen und Kanälen durchzieht diese liebliche Landschaft. Lange Uferstrecken sind unbesiedelt und so findet, wer sie sucht, Ruhe und Einsamkeit.

»… Sie schritten durch ein schmiedeeisernes Tor in den Park. Hier war es ruhig. In dem einfachen weißen Bau des Schlosses klopfte ein Handwerker …« Diese Szene, die Kurt Tucholsky in seiner Erzählung »Rheinsberg« Anfang des 20. Jahrhunderts beschrieb, als er mit seiner Geliebten dort ein paar unbeschwerte Urlaubstage verbrachte, könnte sich auch heute so ereignet haben. Das schmiedeeiserne Tor führt auch heute noch in den weiten, verheißungsvollen Park des Schlosses Rheinsberg, der sich dekorativ um den Grienericksee erstreckt.

Das Schloss, im Stil der Renaissance, entstand Mitte des 16. Jahrhunderts, anstelle einer mittelalterlichen Wasserburg und wurde im Laufe der Jahre durch seine unterschiedlichen Besitzer immer wieder erweitert. König Friedrich der II. verbrachte hier die glücklichsten Jahre seines Lebens und Theodor Fontane und Kurt Tucholsky verhalfen dem Schloss durch ihre literarischen Ergüsse zur Berühmtheit. Rheinsberg bedankt sich dafür mit einer Dauerausstellung im Kurt-Tucholsky-Literaturmuseum in einem Seitenflügel des Schlosses, wo mit Erstausgaben seiner Bücher und Mobiliar authentische Einblicke in das Schaffen des bedeutenden Dichters und Publizisten gewährt werden.

Beim Spazieren durch den großzügig angelegten Schlosspark trifft man nicht nur auf Kraniche, die mit ihrer Brut auf

naturbelassenen Wiesen spazieren, sondern auch auf die Grab-
pyramide von Prinz Heinrich von Preußen, der seine letzten
Jahre in diesem Schloss verbrachte und sie sich schon zu Lebzeiten errichten ließ. Ganz besondere Momente können Besucher des jährlich stattfindenden Internationalen Opernfestivals
erleben. Ob im Kavalierhaus oder auf den Open-Air-Bühnen im
Schlosshof oder im Heckentheater, die Akustik ist perfekt, die
Kulisse im Mondschein absolut romantisch und die Künstler

Blick vom Schloss auf den
1790 errichteten Obelisk, ein
Andenken an Prinz August
Wilhelm von Preußen, am
gegenüberliegenden Ufer
des Grienericksees

sind superb. Vor oder nach der Vorstellung schlendert man noch am Seeufer entlang, genießt den Sonnenuntergang oder die lauschige Mondnacht und betrachtet die schaukelnden Boote und Yachten in der kleinen Marina unter die sich auch gelegentlich ein »Bunbo« mischt. Diese farbigen, schwimmenden Ferienhäuser erfreuen sich großer Beliebtheit und sind ideal, um sich auf diese faszinierende Naturlandschaft in vollen Zügen einzulassen.

Ein weiteres großes Thema in Rheinsberg ist die Herstellung von Keramikprodukten. Rheinsberg liegt an der 215 Kilometer langen Deutschen Tonstraße, die einen Rundkurs durchs Ruppiner Land bildet. Seit 1762 wird im Ruppiner Land Ton abgebaut und zu den verschiedensten Produkten verar-

beitet. Ob Kunst, Schmuck oder Gebrauchsgeschirr, alles ist einmal jährlich im Oktober auf dem Rheinsberger Töpfermarkt fürs breite Publikum präsent. Besonders berühmt sind die Rheinsberger Teekanne und der Walzenkrug, ein Bierhumpen. Ganz in der Nähe des Schlosses ist das Keramikmuseum zu entdecken, in dem die 250-jährige Tradition der Keramik-Manufaktur mit ihren zahlreichen Facetten dargestellt wird. Aber auch kleine Galerien laden zum Stöbern ein.

links Kurt Tucholsky setzte dem Schloss Rheinsberg ein literarisches Denkmal

rechts Das Keramikhandwerk wird in Rheinsberg seit Jahrhunderten gepflegt

Fisch und Wild im Pavillon

Gleich neben dem Schlossgelände zu Beginn einer kleinen Promenade befindet sich das »Seepavillon«. Die Küche ist bodenständig. Fisch dominiert die Speisekarte, aber auch Wildgerichte sind ein Thema. Wunderschön ist das Ambiente, der Blick auf den ruhigen See, nur ab und zu von eifrigen Ruderern irritiert. Ein schöner, ruhiger Ausklang eines vollkommenen Tages!

links Bodenständige Küche direkt am See

rechts Der Sprung ins kühle Nass: der Badestrand des Hafendorfs

Malerische Fachwerkhäuschen

Wenig vom Stadtkern Rheinsberg und seiner Schlossanlage entfernt befindet sich in nördlicher Richtung, am südlichen Zipfel des Rheinsberger Sees, das malerische Hafendorf Rheinsberg, eine im skandinavischen Stil erbaute Ferienanlage mit einem ganz besonderen Flair. Die pastellfarbenen Holzreihenhäuschen im Fachwerkstil verfügen über eigene Bootsanleger und sind ein idealer Ausgangspunkt für maritime Unternehmungen

links Bootsanleger direkt vor der Tür: das Hafendorf Rheinsberg

rechts Maritimes Flair rund um den Leuchtturm

im eigenen oder auch im gemieteten Boot. Ob Kanu, Kajak, Ruderboot oder Segeljolle, führerscheinfreie oder -pflichtige Motorboote und Yachten, der Bootsverleih in der idyllischen Lagunenstadt hält alles bereit. Es gibt einen Gästehafen mit allem Komfort und last, not least das Maritim Hafenhotel für Gäste, die nicht ganz auf Tuchfühlung mit dem feuchten Nass gehen wollen und das maritime Treiben rund um den kleinen begehbaren Leuchtturm lieber aus der Wellnesslounge beobachten wollen. Mehrere Restaurants und ein Nachtclub lassen es nach einem Bummel über die Lagunenboulevards und kleinen Brücken auch abends nicht langweilig werden. Alles erscheint wie die ideale Kulisse einer kleinen heilen Welt.

Tipps Rheinsberg

ANREISE:

Mit dem Auto: Autobahn A 24 bis Abfahrt Neuruppin, weiter auf der B 167 und B 122

Mit der Bahn: Regionalexpress bis Löwenberg und weiter mit der Regionalbahn

ÜBERNACHTEN:

Maritim Hafenhotel Rheinsberg, Hafendorfstraße 1, Rheinsberg

GASTRONOMIE:

Café & Restaurant Seepavillon, Seestraße 19c, Rheinsberg

KULTUR:

Kurt Tucholsky Literaturmuseum im Schloss Rheinsberg, Mühlenstraße 1, Rheinsberg

Schloss Rheinsberg, Mühlenstraße 1, Rheinsberg

FREIZEITAKTIVITÄTEN:

Rheinsberger Seenrundfahrt, Schiffsanlegestelle Rheinsberg, Seestraße, Rheinsberg

Bootsvermietung Boat-City, Hafendorf Rheinsberg, Kaistraße 3, Rheinsberg

SHOPPING:

Carstens Keramik Rheinsberg, Rhinstrasse 1, Rheinsberg

WEITERE INFOS:

www.rheinsberg.de

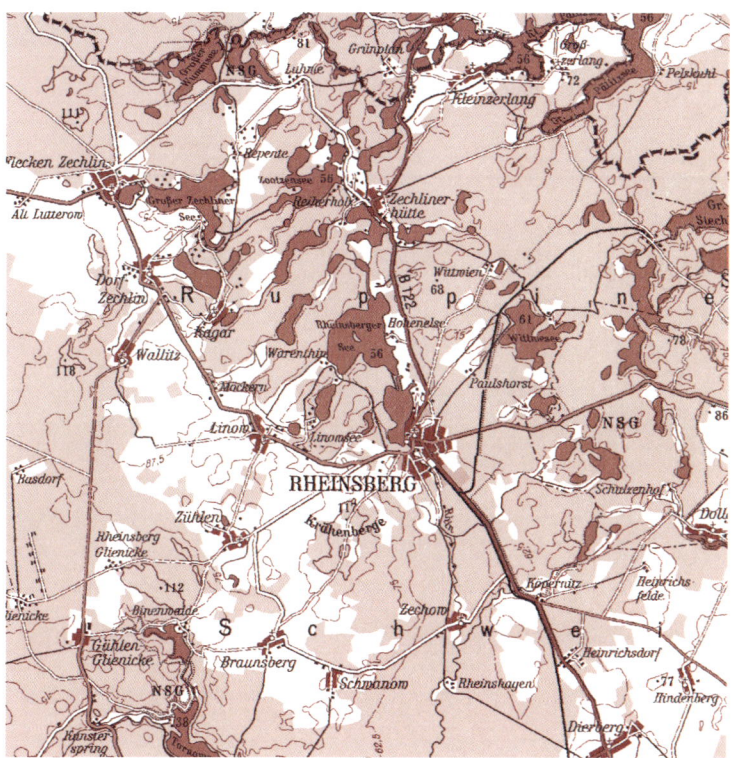

Karte Rheinsberg, © GeoBasis-DE / BKG 2014

Klarwasserseen so weit das Auge reicht

*Das Schilf wiegt sich leicht im lauen Wind,
eine Kleinfamilie gleitet gemächlich
mit dem Kanu inmitten von Seerosenfeldern
am Ufer des Oberpfuhl Sees entlang.
Wenige Meter weiter kämpft ein Kormoran
mit seiner überdimensionalen, zappelnden
Beute, während gegenüber am Stadtsee
ein Seetaxi auf Gäste wartet und manchmal
starten rustikale Flöße zu Tagestouren
rund um die »Flößerstadt Lychen«.*

Die Stadt der Flößer

Das beschauliche Flößerstädtchen Lychen, mit direkter Lage an sieben Seen, liegt mitten im Naturpark Uckermärkische Seen und ist ein ideales Ausflugsziel für Erholungsuchende und Naturliebhaber. Große Wald- und Seengebiete begründen seit 2003 den offiziellen Titel »Erholungsort«.

Eingebettet in den Naturpark Uckermärkische Seen und Stechlin-Ruppiner Land, wirbt die Region rund um die Wasserstadt Fürstenberg, südlich der Grenze zu Mecklenburg-Vorpommern, mit den besten Umweltwerten Deutschlands. Ausgedehnte Buchenwälder und unzählige Klarwasserseen tragen wesentlich zu diesem Ergebnis bei. Ein ideales Revier für ausgedehnte Bootstouren und erholsame Wanderungen.

Die reizvolle nähere Umgebung bietet Naturfreunden die Entdeckung des größten Wachholders, der zweitgrößten Douglasie und der höchsten Tanne Brandenburgs oder auch eine Lärchensaatgutplantage.

Bis in die 1970er-Jahre war in Lychen die Flößerei der wichtigste Wirtschaftszweig. Ein kleines Museum erinnert an die harte Arbeit der Flößer, die von hier seit 1720 Güter über die Wasserwege transportierten. Nostalgiker können diese Erlebniswelt auch heute noch auf aus rustikalen Baumstämmen gebauten Flößen, ausgestattet mit Herzhäuschen und Sonnensegel, nachempfinden. Im Juli und August werden sogar Musikveranstaltungen auf den Flößen angeboten.

oben Auf rustikalen Flößen werden Besucher über die Seen rund um Lychen geschippert

unten Die alte Tradition der Flößerei wird in einem kleinen Museum anschaulich dargestellt

Nicht nur zur Weihnachtszeit

Himmelpfort ist der Wohnort des Weihnachtsmannes, das weiß jeder, zumindest die Kinder dieser Welt, denn anders kann man sich die jährliche Flut von mehreren hunderttausend Wunschzetteln aus etwa 70 verschiedenen Ländern an diese Adresse nicht vorstellen. Viele besuchen die gemütliche, hübsch geschmückte Stube des Weihnachtsmanns, die ganzjährig geöffnet hat, aber auch um gleich vor Ort am großen Holztisch, zwischen allerlei Weihnachtszierrat, ihren Wunschzettel auszufüllen und schon mal vorsorglich in den großen hölzernen Weihnachtsmann-Briefkasten vor dem »Haus des Gastes« zu stecken. Aber auch die alte Klosteranlage der Zisterzienser neben der kleinen Schleuse ist einen Besuch wert. Romantisch mutet die mit Efeu überwucherte Ruine an, während Orgelklänge aus der Kirche die Wirkung noch verstär-

Da leuchten Kinderaugen:
die liebevoll gestaltete Stube
des Weihnachtsmannes

ken. Reiter machen ihre Pferde schon mal am separaten hölzernen Glockenturm fest, um im benachbarten Café zu rasten,
von wo aus der Blick zur Ruine des alten Brauhauses schweift,
in dem leider kein Bier mehr verkostet werden kann.

Nach einem verheerenden Brand im Jahre 2010 steht nur
noch die bemerkenswerte Giebelwand eines der bis dahin ältesten erhaltenen Wirtschaftsgebäude mittelalterlicher Klos-
teranlagen in Brandenburg. All dies trägt zu der ganz be-

Efeuumrankte Klosterruine
und die kleine Kirche von
Himmelpfort

links Für die Gesundheit und den Genuss: der Kloster-Kräutergarten in Himmelpfort

rechts Wo gibt es denn was zu Essen? Originelle Fähnchen weisen in Himmelpfort den Weg

sonderen Kulisse für sommerliche Veranstaltungen auf der Klosterwiese bei.

Gleich gegenüber erfüllt Bienensummen die Luft, Schmetterlinge tanzen von einer Blüte zur anderen. Es duftet nach Minze und Thymian. Der Kräutergarten gegenüber dem ehemaligen Zisterzienserkloster lädt Besucher ein, mit allen Sinnen in die Welt der Kräuter einzutauchen. Legenden zeigen, gegen welche Krankheiten welches Kraut gewachsen ist und wer sich vorsichtshalber mit den duftenden Heilpflanzen zum Wohlbefinden versorgen will, findet sowohl frische Kräuter und Pflanzen wie auch Sämereien, Kräuterschnäpse und Liköre im angegliederten Kräuterladen.

Landhausatmosphäre
am Haussee

Himmlisch entspannen kann man auch im »Landhaus Himmelpfort am See«. »Für Eile ist hier keine Zeit«, unter diesem
Motto steht das Chillen im Wellnessbereich bei Entspannungs-
musik. Sauna und Massagen tragen ebenso wie der Aufenthalt
in den individuell gestalteten Apartments dazu bei, den Alltag zu vergessen. Der Abend kann dann im exklusiven Gour-
metclub bei gehobener Gastronomie und Rauchwaren aus
dem Humidor stilvoll zelebriert werden. Abwechslung bieten
Jagdevents, Fastenwandern oder Draisinefahrten.

Ein Tummelplatz für Fische

Fürstenberg an der Havel ist umgeben vom Röblin-, Baalen-
und Schwendtsee. So gelegen an der Bundeswasserstraße Obe-
re Havel, versteht es sich von selbst, dass Wassersport im Fokus des Freizeitgeschehens steht. Kanuten gelangen über einen
speziellen Fisch-Kanu-Pass sogar auf abenteuerliche Art direkt
in den Stadtkern. In der Marina am Schwedtsee können die un-
terschiedlichsten Bootstypen gechartert werden.

   Landratten beschauen sich das Treiben im Yachthafen lieber
von der Sonnenterrasse des Restaurants »Am Yachthafen« beim
gemütlichen Kaffee, um später beim einem Stadtbummel das
Schloss Fürstenberg mit seinem Rokokodekor in Augenschein
zu nehmen, welches im 18. Jahrhundert als Witwensitz einer
mecklenburgischen Herzogin gebaut wurde und einer neuen

Fischerei am Großen Lychensee

Nutzung entgegensieht oder auch die imposante Kirche aus gelben Backsteinen im romanisch-neogotischen Stil aus dem Jahre 1845 mit ihrem eleganten, schmalen Turm.

Fischliebhaber finden im Verlauf der Märkischen Fischstraße, die entlang der Gewässer quer durchs Land zu Fischbetrieben, Räuchereien und Restaurants führt, so manchen Leckerbissen. Die Havel und die umliegenden Seen gelten als fischreichste Gewässer Deutschlands und liefern etwa 55 Speisefischarten. In dieser Region gilt die über Erlenholz goldgelb geräucherte Maräne als besonders schmackhaft. Ein Fischereibetrieb am Großen Lychensee ist beliebter Anlaufpunkt für frischen Räucherfisch. In unmittelbarer Nachbarschaft befindet sich ein Kunsthandwerksbetrieb, spezialisiert auf Bernsteinschmuck.

Brandenburgische Gerichte am Mühlenfließ

Die ehemalige Wassermühle im Fürstenberger Stadtteil Tornow erstrahlt im neuen Glanze. Die Kombination von historischen und modernen Elementen schafft ein stimmungsvolles Ambiente für den Genuss der hier angebotenen Brandenburgischen Gerichte, die in der Mühle und im dazugehörigen, mit alten Mühl-

steinen dekorierten, Sommergarten, direkt am Mühlenfließ serviert werden. Ein gemütliches Weingewölbe lädt ebenfalls zum
entspannten Verweilen und zur Verkostung edler Tropfen ein.
Durchreisende können sich im Hofladen im ehemaligen Getreidespeicher mit Proviant aus der Region versorgen.

Beschaulich Essen und Trin-
ken im Mühlenambiente

Tipps Von Lychen bis Fürstenberg

ANREISE:

Mit dem Auto: Autobahn A 10 bis Kreuz Oranienburg, weiter auf der B 96 bis Fürstenberg/Havel

Mit der Bahn: Regionalexpress bis Fürstenberg/Havel nach Lychen mit dem Bus 517

ÜBERNACHTEN:

Landhaus Himmelpfort am See, Eichberg 10, Fürstenberg/Havel OT Himmelpfort

GASTRONOMIE:

Mühle Tornow, Neue Straße 1, Fürstenberg/Havel OT Tornow

Restaurant am Yachthafen, Unter den Linden 2, Fürstenberg/Havel

SEHENSWERTES:

Weihnachtshaus Himmelpfort, Klosterstraße 23, Fürstenberg/ Havel OT Himmelpfort

KULTUR:

Flößereimuseum, Clara-Zetkin-Straße 1, Lychen

FREIZEITAKTIVITÄTEN:

Floßfahrten Treibholz, Oberpfuhlstraße 3a, Lychen

SHOPPING:

Kloster-Kräutergarten Garten der Sinne und Kräuterladen, Fürstenberg/Havel OT Himmelpfort

UM-Fisch GmbH, Großer Lychensee 5, Lychen

WEITERE INFOS:

www.fuerstenberg-havel.de, www.lychen.de

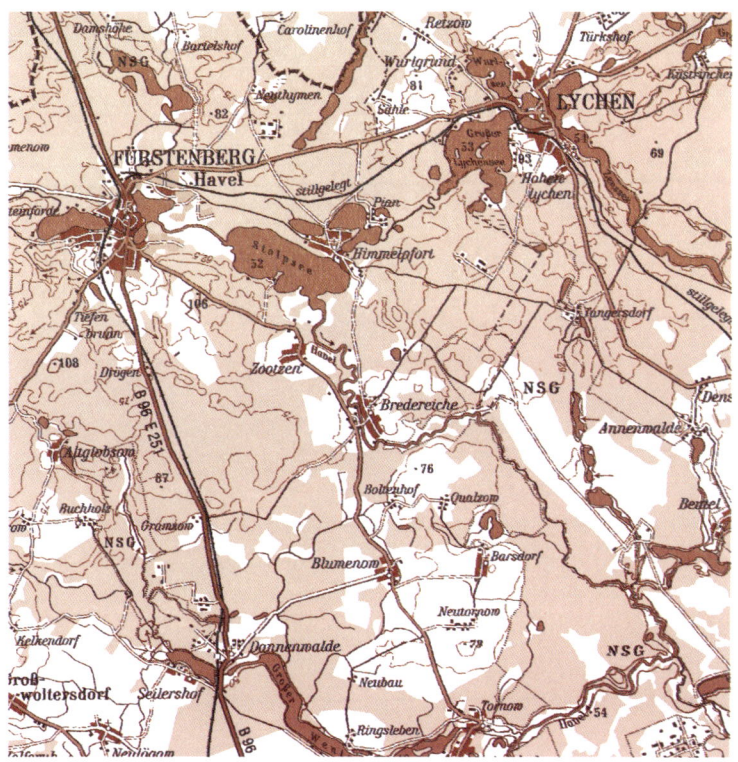

Karte Lychen, © GeoBasis-DE / BKG 2014

Äpfel, Schokolade und andere Genüsse

Ein idealer Platz zum Pausieren:
der Templiner See. Hier kann man nach
dem Spaziergang entlang der historischen
Stadtmauer neue Kraft schöpfen, um
anschießend die historische Altstadt von
Templin zu erkunden. Für manchen geht es
aber auch weiter über den See oder auf
der Straße zu den Apfelplantagen der
Uckermark oder zum malerischen
Schloss Boizenburg.

Genuss hinter der Stadtmauer

Eine gemütliche Kaffeehausatmosphäre herrscht im »Altstadt-Café«, welches mit zahlreichen alten Porzellankaffeekannen dekoriert ist. Der ideale Ort, um das Treiben auf dem Marktplatz zu beobachten. Im Blick das historische Rathaus und an Markttagen das betuliche Hin und Her einer kleinen Stadt. Die historische Altstadt von Templin kuschelt sich mit ihrer immerhin 1735 Meter langen gut erhaltenen Stadtmauer in eine Kehre des Templiner Kanals, der beim kleinen Stadthafen in den Templiner See mündet. 47 Wieckhäuser, drei Tore und zwei Türme wollen umwandert werden.

Der Naturpark Uckermärkische Seen umfasst ein Gebiet von 897 Quadratkilometer mit 230 Seen, Bächen und Mooren. Hundert Kilometer Wasserwanderwege warten darauf, von Paddlern und Kanuten erobert zu werden. Wen wundert es da, dass Fischadler, Bachforellen, Fischotter oder gar die europäische Sumpfschildkröte und der Edelkrebs sich hier wohlfühlen. Die Uckermark ist aber auch ein Apfelland. Kleine Chausseen, die von Apfelbäumen begrenzt sind, ziehen sich quer durch die Landschaft und prahlen im Spätsommer vielfach mit ihren roten Apfelbäckchen.

Der Eulen- und der Pulverturm sind aus Wieckhäusern entstanden und dienten im Mittelalter als Gefängnis und Lager für Munition. Heute sind sie mit ihrem Efeubewuchs ein netter Blickfang, der die früheren Grausamkeiten vergessen lässt. Im Mittelalter Schnittpunkt wichtiger Handelsstraßen und reger Geschäftigkeit, musste Templin im Laufe der Jahrhunderte immer wieder große Schicksalsschläge einstecken. Diverse Stadtbrände, Hochwasser, Pest und Kriege bescherten der Stadt immer wieder Rückschläge. Seit 1985 sind die Stadtväter bemüht, sich ein neues Image als Erholungsort zu erarbeiten. Im Mittelpunkt steht die Naturtherme, die mit heilender jodhaltiger Thermalsole aus 1.650 Metern Tiefe und einer großzügigen Bade- und Saunalandschaft Erholung- und Linderungsuchende in die Stadt lockt.

rechts Im Pulverturm, an der gut erhaltenen Stadtmauer Templins, wurde einst Schießpulver gelagert

Eine sinnliche Revolution versprechen die Anwendungen im angegliederten Wellness- und Therapiezentrum. Ein ganz anderes Vergnügen verspricht die Fahrt mit der Draisine auf der stillgelegten Bahnstrecke Templin – Fürstenberg, zu der man sich auch einen Uckermärker Picknickkorb bestellen kann. Und schon geht's los durch die Wald- und Seenlandschaft, um sich auf einem der zahlreichen Rastplätze den Geschmack der Uckermark auf der Zunge zergehen zu lassen.

Leckereien auf der Streuobstwiese

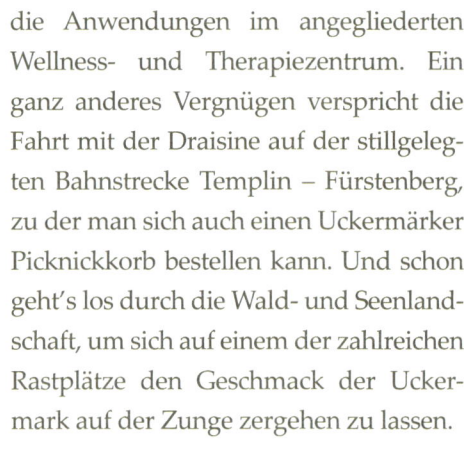

Durch eine Apfelallee mit etwa 30 verschiedenen alten Apfelsorten führt der Weg vom Haus Lichtenhain zum Badesee. Haus Lichtenhain, ehemals ein Vorwerk von Schloss Boitzenburg, ist Wohn- und Schaffensstätte von Gräfin Daisy von Arnim, auch unter dem Namen »Apfelgräfin« weithin bekannt. Auf der Suche nach einer Geschäftsidee fiel ihr Augenmerk auf die Äpfel rund um ihr Anwesen und die Idee aus Boskop, Renette, Prinzenapfel & Co. kleine Köstlichkeiten zu gestalten nahm Formen an.

links oben Eine Vielzahl von aromatischen Kaffeesorten und leckeren Kuchen versüßen das Verweilen im Altstadt-Café am Markt

links mittig Rot-gelb leuchten die Äpfel im Spätsommer

links unten Alle liebevoll hergestellten Produkte können im Hofladen erworben werden

rechts Klassiker ist natürlich der Apfelsaft: Genuss mit Blick auf die Streuobstwiese

Da war zunächst der Apfelsaft: Mit einer mobilen Mosterei ging es quer durch die Uckermark. Dazu kamen mannigfaltige Kreationen des verführerischen Obstes, von denen Adam und Eva weit entfernt waren: Früchtebrot, Chutney, Marmelade und Gelee, Essig und Öl, Chips, Gebäck und Tee – all diese Apfelprodukte führen so manchen in Versuchung, zumal sie in einem kleinen Apfel-Café an einer Streuobstwiese liebevoll kredenzt werden. Der Gast bekommt zu seiner Bestellung ein kleines Tellerchen mit diversen Leckereien zum

Kosten, farbenfrohe Sets mit unterschiedlichen Apfel-Motiven regen zusätzlich den Appetit an, ebenso die zum Schmöckern ausliegenden Rezeptbücher der Hausherrin, die den Gast auch mit sehr kreativen Dekoideen in den Bann der Welt des Apfels zieht. Natürlich kann man alles im total nach Apfel duftenden Hofladen käuflich erwerben und daheim noch lange vom Besuch bei der Gräfin zehren.

Zum Schlemmen nach Boitzenburg

Nur vier Kilometer nördlich von Gut Lichtenhain trifft man zwischen Wald, Hügeln und Seen in Boitzenburg auf eines der größten Schlösser Brandenburgs, welches jahrhunderte-

Der Marstall des Schloss Boizenburg: ein Traum für Schleckermäuler

lang der Stammsitz vieler Generationen derer von Arnim war. Mit seinen vielen Türmchen und Wetterfahnen, der großzügigen Terrasse mit Blick auf den Küchensee und den von Lenné gestalteten Park strahlt es wie ein Juwel im Mittelpunkt der sternförmig angelegten prächtigen Alleen. Ganz in der Nähe, im Marstall verführen die älteste Schokoladen-Manufaktur der Uckermark, eine traditionelle Schaubäckerei, eine nostalgische Kaffeerösterei und eine Eis-Manufaktur mit saisonal variierender Sortenauswahl die Gäste zum Probieren der vielen Köstlichkeiten. Beim Spaziergang zur Klostermühle und zur kleinen Barockkirche auf dem Berg, können dann die Kalorien wieder abgearbeitet werden.

Ein lebendiges Dorf

Eine alte Lindenallee, gut erhaltene Natursteinpflasterung im Ortskern, bildhübsche kleine Häuschen, zum Teil mit Reet gedeckt, mit bunten Bauerngärten zur Straße hin, die kleine klassizistische Kirche von anno 1835 mit dem hölzernen Glockenstuhl, der Besucher spürt hier viel Liebe zum Detail. Annenwalde unterscheidet sich von den umliegenden Dörfern auf den ersten Blick. Dieses Dorf ist lebendig im Gegensatz zu seinen verschlafen wirkenden Nachbardörfern.

Annenwalde, etwa acht Kilometer nordwestlich von Templin, wurde 1754 am Nordufer des Densowsees als Ort zur Glasherstellung gegründet. Auf königlich-preußisches Ansinnen wurden hier Glasmacher von überallher angesiedelt, die bis 1865 grüne Glasflaschen aller Größen herstellten und auf der Havel nach Berlin, aber auch über die Grenzen Preußens

Nicht nur Äpfel: Der Hofladen in Annenwalde bietet eine breite Auswahl regionaler Spezialitäten

hinaus verschifft haben. Der Bildhauer
und Glasgestalter Werner Kothe lässt
seit dem Jahr 2000 die Tradition der
Glashütte mittels einer Schauwerk-
statt wieder aufleben. Hier wird auch
in Workshops die Glasgestaltung per
Fusing-Technik vermittelt. Eine besonders schöne Idee ist es, ganz individu-
elle Sonnenuhren aus Glas zu gestalten
und an den Häusern des Dorfes anzu-
bringen. Auch anderswo begegnet man

in diesem Dorf der Kunst. In einem Skulpturenpark mit Lite-
raturwanderweg, in der Werkstatt des Holzbildhauers Stefan
Hahn, in der Galerie »Annenwald« der Malerin Heike Munser
sowie in der Handweberei Uckerlein der Kunstweberin Marti-
na Busch oder auch im Vorwerk, in der Galerie »Waldhus« des
Malers und Bildhauers Peter Westphal, dessen opulente Holzfi-
guren nicht übersehbar sind. Die Begegnung mit der Kunst ist in
Annenwalde unausweichlich und selbst der kleine Hofladen an
der Dorfstraße ist so liebevoll gestaltet, als sei er ein Kunstwerk.

Gemütliche Zimmer oder
Open-Air-Bett im Gasthof
Kleine Schorfheide

Übernachten einmal anders

Im ehemaligen Gutshof von 1754 wird heute ein Trabergestüt betrieben und schräg gegenüber, in einem 250 Jahre alten Bauern-
haus bietet der romantische Landgasthof »Kleine Schorfheide« in
Annenwalde seinen Gästen Kost und Logis. Das Angebot für ganz
besondere Momente ist die Übernachtung im Open-Air-Bett ganz
naturverbunden im Obstgarten unter einem Pavillon. Die Krö-
nung eines vollkommenen Sommertags!

Tipps Uckermärkische Seen

ANREISE:

Mit dem Auto: Autobahn A 11
bis Abfahrt Joachimsthal, weiter
auf der L 23

Mit der Bahn: Regionalexpress
bis Oranienburg, von dort mit
der Regionalbahn

ÜBERNACHTEN:

Pension Kleine Schorfheide,
Annenwalde 13, Templin
OT Densow

GASTRONOMIE:

Altstadtcafé,
Am Markt 11, Templin

Marstall Boitzenburg,
Templiner Straße 5,
Boitzenburger Land

KULTUR:

Museum für Stadtgeschichte
Templin, Prenzlauer Tor, Templin

WELLNESS:

NaturThermeTemplin, Dargers-
dorfer Straße 121, Templin

FREIZEITAKTIVITÄTEN:

Trabergestüt Kitty Weitkamp,
Annenwalde 27,
Templin OT Densow

Bootsverleih am Eichwerder,
Seestraße 4, Templin

SHOPPING:

Die Apfelgräfin, Haus Lichtenhain,
Lichtenhain 25,
Boitzenburger Land

Uckermärker Picknickkorb,
Ort Groß Fredenwalde,
Gerswalde

WEITERE INFOS:

www.templin.de

Karte Templin, © GeoBasis-DE / BKG 2014

Ein Eldorado für Jäger und Sammler

Behutsam legt der Ausflugsdampfer am Anleger Altenhof an, um weitere Fahrgäste aufzunehmen. Andere schauen sich das Ereignis nur an, um dann am See entlang weiterzuradeln nach Joachimsthal, dort den historischen Kaiserbahnhof zu besichtigen, den See und die umliegenden Wälder zu erkunden oder eines der spannenden Kulturprojekte der Region zu besuchen.

Das kaiserliche Jagdrevier

Das Biosphärenreservat Schorfheide-Chorin im nördlichen Brandenburg gilt als eines der schönsten Reservate Mitteleuropas. Weit über 200 Seen, weitläufige Wälder, Moore, Wiesen und Felder bilden diese eindrucksvolle Kulturlandschaft und geben auf über 129.000 Hektar einer mannigfaltigen Tierwelt, wie See-, Fisch- und Schreiadlern, Bibern, Fischottern und Sumpfschildkröten oder Kranichen und seltenen Schwarzstörchen eine Heimat.

Herrlich ist es hier durch die Wälder zu streifen! Die nahezu endlosen Waldgebiete mit ihrem großen Wildbestand, Pilzen und Beeren lösten zu jeder Zeit bei den Jägern und Sammlern Begehrlichkeiten aus. Mitte des 19. Jahrhunderts kam auch König Friedrich Wilhelm IV. regelmäßig zur Jagd in die Schorfheide und ließ nahe dem Werbellinsee das Jagdhaus Hubertusstock im bayerischen Landhausstil errichten. Der Werbellinsee ist, mit 13 Kilometern Länge und bis zu 60 Metern Tiefe, eines der größten und schönsten Gewässer in der Schorfheide.

Im Jahre 1898 ließ Kaiser Wilhelm II. den sogenannten Kaiserbahnhof an der Nordspitze des Sees errichten. Von dort aus konnten er und seine Jagdgesellschaft

das nunmehr schon etwas prunkvollere Jagdschloss bequem per Pferdedroschke erreichen. Der Kaiserbahnhof in Joachimsthal ist denkmalgerecht saniert. Er besteht aus drei Gebäuden, dem Kaiserpavillon mit hölzernem Tonnengewölbe, farbigen Bodenmosaiken und schmiedeeisernen Kerzenleuchtern, dem Empfangsgebäude für Reisende, in dem auch der Bahnhofsvorsteher wohnte und einem Hotel mit Gaststätte. Der Kaiserpavillon macht nunmehr als Kulturstätte Furore. Er wird seit 2006

als Deutschlands erster Hörspielbahn-
hof genutzt. Besonders beliebt sind
die Hörspiele für Kinder und die Kri-
mi- und Gruselnächte. Das Empfangsgebäude ist die Heimat eines Künst-
lers geworden und die Gaststätte lockt
viermal jährlich mit einer nostalgischen
DDR-Woche, in der es Speisen und Getränke á la DDR gibt.

Das Jagdschloss Hubertusstock war
zu allen Zeiten Ziel und begehrter Auf-
enthaltsort hoher Würdenträger aus
Politik und Gesellschaft sowie ein
Ort für politische Verhandlungen. Zu
DDR-Zeiten diente es mit seinen Wald-
villen als Gästehaus der Regierung.
Franz-Joseph Strauss, Raoul Castro,
Leonid Breschnew und Helmut Schmidt
waren nur einige der berühmten Gäste.
Heute wird es als Hotel garni betrieben
und ist Anziehungspunkt für Ostalgiker, die auch gern mal die
Honecker-Suite besichtigen.

Ausblick und Events

Mit dem Fahrstuhl geht es hoch hinauf. 123 Meter über dem
Meeresspiegel auf einem alten Wasserturm, befindet sich eine
Aussichtsplattform mit dem beeindruckenden Panoramablick
über die Wald- und Seenlandschaft des Biosphärenreservats bis
nach Polen.

oben Der Aussichtsturm
bietet eine wundervolle
Aussicht über die Schorf-
heide

unten Es geht auch
ganz unbeschwert mit
dem Fahrstuhl auf die
Aussichtsplattform des
BIORAMA-Projektes

Die Idee des hier angesiedelten BIORAMA-Projektes ist es, Natur, Kunst, Wissenschaft und Tourismus in Einklang zu bringen und eine ganzheitliche Erfahrung zu vermitteln. Eine Villa neben dem Wasserturm dient als Veranstaltungsort und Forum für kulturelle und wissenschaftliche Events. Es werden Kunstprojekte und Workshops mit Bezug zum Biosphärenreservat veranstaltet. In einer Design-Fabrik entstehen Prototypen von Lifestyle-Produkten aus erneuerbaren, wiederaufbereiteten, zellulosehaltigen Naturmaterialien, wie Hanf, Flachs oder Altpapier. Alle Produkte sind biologisch abbaubar. Open-Air-Filmpräsentationen und Performances wecken die Neugier für dieses neuartige Konzept.

Alles von der Biene

Deutschlands erstes Honig-Spezialitäten-Restaurant ist nicht von ungefähr in der Schorfheide zu finden, denn das Imker-Handwerk hat hier eine jahrhundertealte Tradition. In einer schönen alten Villa kann man die mit Honig und Raffinesse zubereiteten kulinarischen Köstlichkeiten auf der Speisekarte finden, ebenso wie spezielle Gerichte vom Wasserbüffel. Mit der Wahl des Honig-Schlemmer-Menüs ist man allen Qualen enthoben, es sei denn, man kann sich auch bei den Getränken zwischen Holundersaft mit Honig, Honig-Grappa oder Kosakenkaffee, ebenfalls mit Honig, nicht entscheiden. Eine Honigausstellung regt zudem den Appetit an.

Bett und Bike

In Joachimsthal, direkt am Radfernweg Berlin–Usedom, liegt die kleine Fahrradpension, die sich dem naturnahen Tourismus verschrieben und sich ganz auf Radler eingestellt hat. Ob Fahrradraum, Reparaturservice oder Fahrradverleih, hier finden Fahrradtouristen eine nette Unterkunft und lernen am hauseigenen Grillplatz Gleichgesinnte kennen.

Mit dem Rad lässt sich die Schorfheide besonders gut erleben

Klein aber fein

Ein ganz anderes Kunstprojekt ist das kleinste Museum Brandenburgs in Glambeck, nordöstlich von Joachimsthal, in einem Taubenturm. Thema der Ausstellung ist das Leben und Wirken von Friedrich Wilhelm Graf von Redern, einem ehemaligen Gutsbesitzer, der den Taubenturm als attraktiven Blickfang mitten auf dem Gutsgelände bauen ließ.

Der Graf war im 19. Jahrhundert als General-Intendant verantwortlich für das Berliner Schauspielhaus am Gendarmenmarkt und die königliche Oper Unter den Linden. Das kleine Museum ist eine Reminiszenz an den Gutsbesitzer. Auch die Kirche des Ortes ist sehr klein und einfach. Dennoch finden hier Konzerte von hoher Qualität statt, die immer wieder viele Musikliebhaber anlocken.

Gleich daneben bietet ein Radlerpoint Erfrischungen für Radfahrer, die den Ort auf dem Uckermärkischen Radrundweg

Im Taubenturm in Glambeck befindet sich das kleinste Museum Brandenburgs

touchieren und auf ihrem Weg die Stille der schlichten Fach-
werkkirche genießen.

Wellness am See

Am südlichen Zipfel des Werbellinsees inmitten des attraktiven Jagdgebietes liegt in Wildau, direkt am See, das Hotel
und Restaurant »Café Wildau«. Alle Zimmer sind mit Waf-
fenschränken ausgestattet, sodass Jäger ihre Waffen sicher
verstauen können. Eine finnische Sauna, direkt am Seeufer,
bietet totale Entspannung mit Panoramablick auf den See.
Für weitere Glücksmomente sorgen Kosmetikbehandlungen
und Massagen im Wellnessbereich. Eine beliebte Ganzkör-
perbehandlung ist der 60-minütige »Café-Sahne-Genuss á
la Wildau«, ein Café-Peeling mit Sahneduschbad und Mousse
au Chocolat für den Körper. Derart angeregt ist der Gast ge-

spannt auf den raffinierten Mix der Küche aus klassischer Kochkunst mit mediterranen Einflüssen.

Wie Erlen, Pappeln und Weiden laufen lernen

Friedrichswalde, am nördlichen Rande der Schorfheide, wurde 1748 von Friedrich II. durch die Ansiedlung von Kolonisten gegründet. Diese haben sich bald durch die Herstellung von Holzschuhen einen Namen gemacht und so entwickelte sich der Ort nach und nach zum größten Holzschuhmacherdorf Deutschlands. 1940 wurde sogar eine Fabrik errichtet, die bis 1954 Holzschuhe herstellte. Seit 2009 gibt es auf Betreiben des Heimatvereines eine historische Holzschuhmacher-Schauwerkstatt, die die Erinnerung an diese Zeiten wachhält und Einblicke in dieses traditionelle Handwerk gewährt.

Ebenfalls mit Holz, aber auch mit Stein arbeitet der Bildhauer Lutz Kittler, der sein Atelier an der Dorfstraße in Friedrichswalde für interessiertes Publikum öffnet. Impuls für seine archaisch anmutenden Arbeiten ist die Verbindung von Natur, Religion und Kunst. Zweimal im Jahr stellen auch Gastbildhauer in seinem Skulpturenhof aus.

links Wellness drinnen und draußen kann man im Café Wildau genießen.

rechts Zünftige Begrüßung am Ortseingang von Friedrichswalde: das Denkmal für die Holzschuhmacher

Tipps Schorfheide

ANREISE:

Mit dem Auto: Autobahn A 11 bis
Abfahrt Joachimsthal, weiter auf
der L 220 nach Joachimsthal

Mit der Bahn: Regionalexpress
bis Eberswalde und weiter
mit der Regionalbahn nach
Joachimsthal

ÜBERNACHTEN:

Fahrradpension Joachimsthal,
Töpferstraße 4,
Joachimsthal

Hotel Jagdhaus Hubertusstock,
Hubertusstock 1,
Joachimsthal

GASTRONOMIE:

Honig-Spezialitäten-Restaurant
Immenstube, Neue Klosterallee 10,
Chorin

KULTUR:

Taubenturm, Angermünder
Straße, Friedrichswalde
OT Parlow-Glambeck

Holzschuhmachererlebnis-
zentrum, Dorfstraße,
Friedrichswalde

Skulpturenhof und Atelier
Ryll-Kittler, Dorfstraße 113,
Friedrichswalde

SEHENSWERTES:

Historischer Kaiserbahnhof,
Bahnhof Werbellinsee 2,
Joachimsthal

NATUR:

BIORAMA-Projekt,
Am Wasserturm 1, Joachimsthal

FREIZEITAKTIVITÄTEN:

Fahrgastschifffahrt auf dem
Werbellinsee,
Reederei Wiedenhöft,
Seerandstraße 23, Joachimsthal

WELLNESS:

Hotel Café Wildau, Wildau 19,
Schorfheide OT Eichhorst

WEITERE INFOS:

www.amt-joachimsthal.de

Karte Schorfheide, © GeoBasis-DE / BKG 2014

Sommerfrische in historischem Ambiente

Nach einem erholsamen Spaziergang am See und durch den Park kann man gut verstehen, warum sich der Industrielle Albert Borsig hier, am Groß Behnitzer See, vor 150 Jahren seinen Landsitz geschaffen hat. Nach einem kühlen Bier oder gepflegtem Wein auf der Terrasse des Restaurants kann man sich in einer Ausstellung über die Geschichte des Landgutes A. Borsig informieren, ehe man sich weiter auf Entdeckungstour durchs südliche Havelland begibt.

Ein Musterbetrieb damals wie heute

Nicht nur Könige hatten ein Faible für Landhäuser, auch Industrielle zogen sich gern aufs Land zurück, um Stille zu suchen und zu entspannen. So auch der Herr der Dampflokomotiven Albert Borsig. Sein Unternehmen expandierte Mitte des 19. Jahrhunderts derart, dass es sich zum zweitgrößten Lokomotiven-Lieferanten der Welt entwickelte. Da lag es nahe, als stressgeplagter Unternehmer Zuflucht auf dem Lande zu suchen. Der Großindustrielle kaufte 1866 in Groß Behnitz ein Schloss samt Gutshof. Aber statt zu entspannen, entwickelte er daraus ein Mustergut, welches nach den modernsten landwirtschaftlichen

Westlich von Berlin und direkt vor den Toren Potsdams erstreckt sich das seenreiche südliche Havelland, nicht nur eine Versuchung für viele Wassersportler, auch Könige und Industrielle hat diese Landschaft magisch angezogen.

Methoden arbeitete. Es heißt, er betrieb Ackerbau und Viehzucht, um die Kantinen seiner Betriebe zu versorgen. Dennoch wird er auch entspannende Momente im weitläufigen Landschaftspark am See genossen haben, vielleicht auf einem kleinen Steg beim Angeln oder im Schatten der schönen alten Bäume oder gar beim Ausreiten, denn das Gut verfügte selbstverständlich auch über Reitpferde. Seit 2000 hat ein neuer Hausherr das nach Ende des Zweiten Weltkrieges dem Verfall preisgegebene Gut übernommen und versucht, es im traditionellen Sinne der Familie Borsig weiterzuentwickeln. Das Andenken wird in vielerlei Hinsicht bewahrt. Verschiedene Ausstellungen zollen der Geschichte des Gutes Tribut, die roten denkmalgeschützten Backsteingebäude sind bestens restauriert und beherbergen unterschiedliche gastronomische Bereiche und der Geist des Ortes, an dem zur Zeit des Nationalsozialismus Treffen des Kreisauer Kreises, einer bürgerlichen Widerstandsgruppe, stattfanden, wird heute durch Tagungseinrichtungen aufgenommen. Nachhaltigkeit ist auf dem Gut und dem angeschlossenen ersten Biozertifizierten Hotelbetrieb in Berlin/Brandenburg erste Pflicht, also wieder ein Musterbetrieb!

links Reminiszenz an den Gründer: eine historische Lokomotive vor dem Landgut A. Borsig

rechts Beschauliche Rast am Behnitzer See

Ein königlicher Sommersitz

Wäre nicht gelegentlich ein Auto zu sehen, wäre der Eindruck vergangener Jahrhunderte perfekt. Die Straßen aus Kopfsteinpflaster, die historischen Häuser, die Kirche, der Park und natürlich das Schloss vermitteln in Paretz den Eindruck in längst vergangenen Zeiten zu wandeln.

Nur etwa 40 Kilometer westlich von Berlin verbrachten Friedrich Wilhelm III. von Preußen und Königin Luise gern ihre Sommer in der Stille des Havellandes. Um 1800 ließ der König ein Landhaus im frühklassizistischen Stil für sich und seine Gattin erbauen. Die Innenausstattung bestand aus schlichten, aber handwerklich wertvollen Möbeln. Ein besonderer Schmuck waren die motivreichen Papiertapeten. Im Umfeld des Schlosses entstanden zudem ein Schlosspark, eine Kirche und ein Musterdorf mit 10 Bauernhöfen nach englischem Vorbild. Alle Gebäude waren in ocker-gelblicher Farbgebung gehalten und nett anzusehen.

links Unverzichtbarer Bestandteil der Hauswirtschaft früherer Jahrhunderte: der Eiskeller in Paretz

rechts Sommersitz der Könige: das Schloss Paretz

Paretz hat die Zeiten bis 1945 fast unbeschadet überstanden, doch dann zerfielen die Gebäude unter sowjetischer Besatzung. Erst nach der Wende wurde versucht, alles möglichst originalgetreu wieder zu restaurieren. Die kunsthistorisch bedeutenden Tapetenreste des Schlosses wurden in akribischer Kleinarbeit kostenintensiv rekonstruiert, die Mehlwaage, das Spritzenhaus und die Torhäuser wurden wiederhergestellt. In der Kirche ist in der ehemaligen Königsloge ein Tonrelief von Königin Luise zu bestaunen. Der Künstler war kein Geringerer als Johann Gottfried Schadow, der auch in Berlin viele Spuren hinterlassen hat, so die Quadriga auf dem Brandenburger Tor, den Münzfries oder auch die Prinzessinengruppe in der Friedrichswerderschen Kirche. Im einstigen Marstall des Schlosses sind zahlreiche seltene Schätze der brandenburgisch-preußischen Herrscherhäuser zu besichtigen, beispielsweise die europaweit älteste höfische Kinderkutsche des Kronprinzen Friedrich Wilhelm von 1690 oder der goldene Krönungswagen Friedrich Wilhelm II. von 1861 sowie weitere Kutschen, Prunkschlitten und Sänften.

Verwunschene Villa und übersichtlicher Hofladen

Ein Bauwerk mit ganz anderer Geschichte ist die ehemalige Villa eines Ziegeleibesitzers, die ganz offensichtlich ihre besten Zeiten hinter sich hat. Wie eine Ruine anmutend steht sie verwunschen zwischen altem Baumbestand, gefühlt am Ende der Welt. Mit tiefen Rissen im Mauerwerk und abgebröckelter, grauer Fassade versprüht sie einen sehr maroden Charme und es ist kaum denkbar, dass sie ein Innenleben hat. Die riesige

Villa wird nach langem Leerstand beseelt von einer Besitzerin, die hier eine Salonkultur entwickelt hat und Künstler und Freunde zu kleinen kulturellen Events, wie privaten Hauskonzerten oder Lesungen in den 1. Paretzer Salon in ihre »Rosenvilla Gloria« einlädt. Im Sommer ist der Rosengarten die Kulisse für Sommertheater und künstlerische Begegnungen, im Winter kann man szenische Lesungen mit Feuerzangenbowle am Kamin erleben oder Wein- und Käseverkostungen im Kellergewölbe. Eine wahrhaft abenteuerliche Verführung, gruselig-schön und außergewöhnlich. Wer von den Gästen noch etwas zum Frühstück braucht, kann im kleinsten Hofladen der Welt fündig werden. Auf einem halben Quadratmeter bietet ein Nachbar allerlei regionale Produkte an. Man zahlt in die Kasse des Vertrauens.

links Klein, aber fein ist das Angebot im kleinsten Hofladen der Welt

rechts Das Tor zu Kultur und Kulinarik: die Einfahrt der Rosenvilla

Speisen im historischen Haus

Das »Gotische Haus« in Paretz ist vielleicht eines der schönsten Häuser im Havelland. Durch seine neogotische Spitzfensterfassa-

de, die mit den Fenstern der vis-a-vis ge-legenen Kirche korrespondiert, ist es ein echter Blickfang. Ehemals residierte hier die Königliche Schmiede, bis das Haus seit 1918 als Gaststätte genutzt wurde. Seit 1938 befindet sich das Gotische Haus in Familienbesitz. Serviert wird eine soli-de Hausmannskost zu moderaten Prei-sen. Frische Fische aus der Havel sind ebenso wie Wild aus den umliegenden Wäldern auf der Speisekarte zu finden.

Entschleunigen, Entspannen und Wohlfühlen ...

... ist das Motto in Bollmannsruh, dennoch kommt keine Langeweile auf. Der legendäre Beetzsee, auf dem laut einem Spottlied einst der Barbier Fritze Bollmann beim Angeln ins Wasser gefallen sein soll, hat viel zu bieten. Das Hotel liegt direkt am See mit wunderbarem weitem Blick aufs Wasser und den eigenen Bootsanleger. Ein Naturstrand bietet Badefreu-den, die Parksauna hat einen direkten Seezugang. Es werden Surf- und Katamarankurse angeboten. Reiten, Wandern und Radeln kann man in der unberührten Natur.

links Das Gotische Haus bietet gute Hausmannskost

oben Im Hotel Bollmannsruh stehen Ruhe und Entspannung im Vordergrund

unten Badespaß in der idyllischen Bucht neben dem Hotel in Bollmannsruh

Tipps südliches Havelland

ANREISE:

Mit dem Auto: Autobahn A 10 bis Abfahrt Berlin-Spandau, weiter auf der B 5 nach Nauen und L 91 bis Abzweigung Groß Behnitz

Mit der Bahn: Regionalbahn bis Nauen und weiter mit dem Bus

ÜBERNACHTEN:

Hotel Bollmannsruh am Beetzsee, Bollmannsruh 10, Päwesin OT Bollmannsruh

GASTRONOMIE:

Gotisches Haus Paretz, Parkring 21, Ketzin/Havel OT Paretz

SEHENSWERTES:

Schloss Paretz, Parkring 1, Ketzin/Havel OT Paretz

KULTUR:

Landgut A. Borsig, Behnitzer Dorfstraße 27–31, Nauen OT Groß Behnitz

Rosenvilla, Paretzhofer Straße 45, Ketzin/Havel OT Paretz

SHOPPING:

Kleinster Hofladen der Welt, Paretzhofer Straße 47, Ketzin/Havel OT Paretz

WEITERE INFOS:

www.havelland-tourismus.de

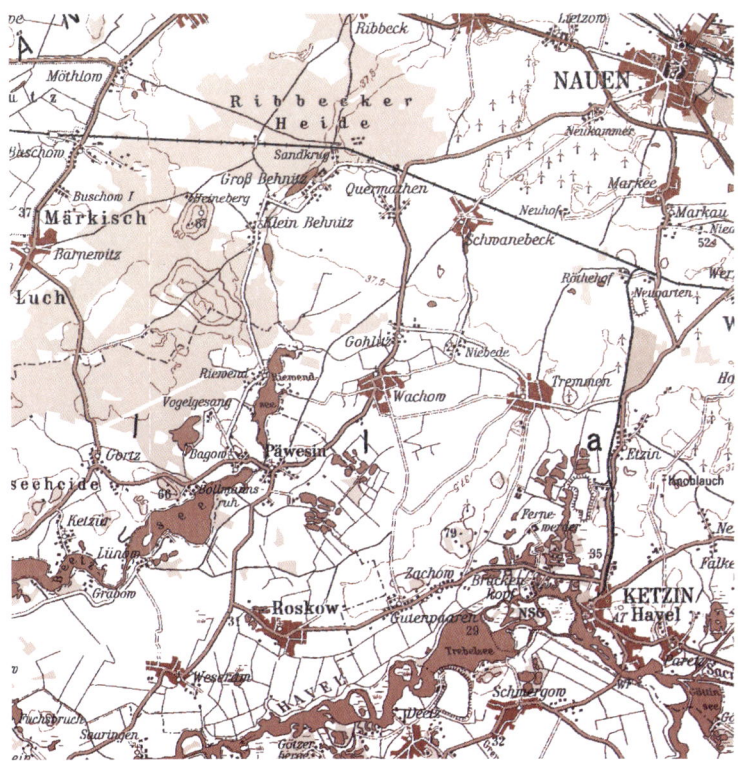

Karte Havelland, , © GeoBasis-DE / BKG 2014

....

Ein Quell
der Erholung

....

*Sanft schaukeln die Sportbooe am
Anleger der Marina Ferch. Das eigene oder
gemietete Wasserfahrzeug ist sicherlich
die schönste Art, den Schwielowsee zu
erkunden, aber auch mit dem Rad oder
per Bus lassen sich rund um den See allerlei
beschauliche Orte erreichen. Vom barocken
Schloss in Caputh, über das Fischerdorf
Ferch bis hin zu einem Bonsaigarten
gibt es viel zu entdecken.*

Inspirationen aus der Natur

Die abwechslungsreiche, wunderschöne Landschaft rund um den Schwielowsee lockte um 1900 verstärkt Künstler in diese Region, die sich der Landschaftsmalerei widmeten. Man spricht von der Havelländischen Malerkolonie. Magnus Zeller, Hans-Otto Gehrcke und Karl Hagemeister sind nur einige Vertreter, die hier Landschaftsstudien betrieben und sich Motive, wie stille Teiche, Birken oder Seerosen gesucht haben. Ihr Wirken wird im letzten denkmalgeschützten Kossätenhaus in Ferch dokumentiert. Zudem führt ein Kunstpfad durch den Ort, dem Auf und Ab und den Windungen der hügeligen Straßen folgend, vorbei an alten reetgedeckten Fischerhäusern und den Wirkungsstätten vieler Künstler, die in Ferch ihre Inspirationen gefunden und den havelländischen Impressionismus geprägt haben. Ein weiterer kultureller Anziehungspunkt ist die »Fercher ObstkistenBühne«, ein Holzpantinen-Musik-Theater im Hof eines Bauernhauses, wo unter einer 100-jährigen Linde Kleinkunst zum Besten gegeben wird.

Die Seenlandschaft südwestlich von Berlin und Potsdam wird dominiert vom Templiner See und vom Schwielowsee, die durch die Havel verbunden sind. Landschaftliche Elemente von flachwelligen Grundmoränenplatten und hügelige Endmoränen tragen dazu bei, dass diese Region unter Geotopschutz steht. Eingebettet in diese liebliche Umgebung sind die Städte Caputh und Ferch.

Gegenüber dem malerischen Museum, auf einer kleinen Anhöhe ist die alte Fischerkirche aus dem 17. Jahrhundert sehenswert. Besonders auffällig ist die Deckengestaltung, sehenswert der Taufengel, der von der Decke schwebt und eine ganz besondere Rarität sind die im norddeutschen Raum seltenen Totenbretter, die zur Erinnerung an verstorbene Kinder an der Empore angebracht sind. Sie stehen für eine sehr spezielle Begräbniskultur des 17. und 18. Jahrhunderts.

Ein Refugium auf Zeit

»Zwei Dinge sind unendlich: das Universum und die menschliche Dummheit; aber beim Universum bin ich mir noch nicht ganz sicher.« Vielleicht hat sich Albert Einstein, um über dieses Statement zu sinnieren in den Jahren 1928 bis 1932 in sein idyllisches Sommerhaus in Caputh am Schwielowsee zurückgezogen, wo er die Einsamkeit der Kiefernwälder genoss und die weiten Wasserflächen beim Segeln erkundete. Hier pflegte der sympathische Querdenker aber auch den Gedankenaustausch

Malerisch ist die Dekoration der Schreibwerkstatt nahe dem Schloss Caputh

Refugium eines Quer-
denkers: das Einstein-Haus
in Caputh

mit anderen Intellektuellen seiner Zeit. Ihm zu Ehren betreibt der Initiativkreis Albert-Einstein-Haus Caputh e. V. im Bürgerhaus, gegenüber vom Schloss, eine informative Dauerausstellung.

Mit der weißen Flotte direkt ins Restaurant

Der große Terrassengarten unter alten Bäumen direkt am Schwielowsee ist der richtige Ort, um den Dampfer zu verlassen und in Ruhe eine Mahlzeit zu sich zu nehmen. Das »Haus am See« verwöhnt seine Gäste seit über einhundert Jahren mit deutscher Küche und Seeblick. Bei delikater Kastaniensuppe mit Trüffelöl und Medaillons vom Frischlingsrücken ist es einfach wunderbar, die Boote auf den Wellen schaukeln zu sehen.

Schlemmen im Schatten
alter Bäume: die Terrasse
des Haus am See

Eintauchen in eine andere Welt

Ein ganz besonderer Ort der Ruhe und Inspiration ist der Japanische Bonsaigarten in Ferch, ein Ort zur Annäherung an die fernöstliche Welt.

Ob beim Wandeln im Garten zwischen Azaleen, japanischen Zierkirschen oder rotem Fächerahorn, beim Verweilen im Pavillon am Koi-Teich und Betrachten der Hortensien, Kamelien und Chrysanthemen oder bei einer Schale köstlichem Tee am Zen-Garten, hier verlieren sich die Alltagssorgen im

Eintauchen in japanische Kultur im Bonsaigarten in Ferch

Angesicht dieser fantastischen, kunstvoll arrangierten Pflanzenwelt.

Der karge Steingarten mit seinen symmetrischen Furchen und ganz ohne Pflanzen, lädt zum Meditieren ein. Ein breit gefächertes Veranstaltungsangebot bietet immer wieder die Gelegenheit, die japanische Kultur kennenzulernen. Ob Ikebana, Kampfsport, Kimono-Design, kulinarische Köstlichkeiten oder die Bonsaipflege, hier lockt ein kleines Paradies auf Erden zu exotischen Erlebnissen.

Barocke Wohnkultur am Templiner See

Imposant präsentiert sich der Sommerspeisesaal, dessen Wände und Deckengewölbe mit etwa 7.500 blau-weißen Fayence-Fliesen verkleidet sind. König Friedrich Wilhelm I. speiste mit seinen Jagdgesellschaften in diesem Ambiente von gemalten Alltagsmotiven, Schiffen, Landschaften und Kinderspielen. Aber auch die anderen Räume des frühbarocken Caputher Schlosses beeindrucken mit Deckenmalereien, Stuckverzierungen und ihrem Interieur, wie Lackmöbeln, Por-

zellan, Skulpturen und Gemälden. Die königliche Wohnkultur um 1700 wird hier im Schlossmuseum einem breiten Publikum nahegebracht. Der dazugehörige Landschaftsgarten erstreckt sich zum Templiner See. Das »Kavalierhaus« lädt zu saisonaler Kost mit Seeblick. Wer mag, nutzt die weiße Flotte an der nahen Dampferanlegestelle zu einer Havelseenrundfahrt, um die herrliche Landschaft auch mal aus anderer Perspektive anzuschauen. Bei der Passage der Caputher Gemünde, einer Engstelle der Havel zwischen Templiner See und Schwielowsee, fällt der Blick auf die historische Seilfähre, die seit mehr als 150 Jahren unaufhaltsam zwischen Caputh und Geltow pendelt und der sich der gesamte Schiffsverkehr unterordnen muss.

links oben Nach dem Rundgang geht's zum Tee im Zen-Garten

links unten Barockes Dekor am Schloss Caputh

rechts Idyllische Lage im Park: das Schloss Caputh

Gemächlich schippert ein Floß an der Caputher Promenade vorbei

Auf der Caputher Seite säumen mehrere gut frequentierte Ausflugslokale das Promenadenufer. Ein wunderbarer Ort, um das Treiben auf dem Wasser zu beobachten.

Am gegenüberliegenden Seeufer liegt das Örtchen Petzow. Auch hier ein großes Herrenhaus von 1820 mit Parkanlage, leider beides noch in sehr desolatem Zustand. Demnächst sollen in den Gebäuden möglicherweise Wohnungen entstehen. Auf die Gesundheit bedachte Reisende lassen es sich nicht entgehen, den »Frucht-Erlebnis-Garten« zu besuchen. Hier dreht sich alles um den Sanddorn und seine Verarbeitung. Die Sanddornplantage mit ihren orangen Früchten ist ein ganz besonderes Erlebnis und die Palette der Produkte dieser vitaminreichen Beeren im Hofladen ist groß. In der Orangerie mit Blick auf den Glindower See kann man die Erzeugnisse des Gartens dann gleich vor Ort verkosten.

Entspannung im Resort

Eine exotische Reise durch die Südsee mit Tiefenentspannung, das verspricht das »Resort Schwielowsee«, eine Ferienanlage mit Hotel und Apartments in blau-weißen Ferienhäusern in amerikanischer Holzbauweise, einer kleinen Marina und einem Hafenrestaurant mit Showküche. Der TAO-Life-Wellnessbereich lässt keine Wünsche offen. Ob Entspannungskurse in der asiatischen Pagode, Honig-Mandel- oder Algen-Sahne-Peeling, Relaxen in verschiedenen Saunen oder Hautpflege in einer Schokoladenhülle, dies alles können auch externe Gäste genießen, hin- und hergerissen zwischen einem Ambiente von Key-West und Polynesien.

Die malerischen Ferienhäuser des Resorts am Schwielowsee laden ein zum Entspannen

Tipps Schielowsee

ANREISE:
Mit dem Auto: Autobahn A 10
bis Abfahrt Ferch

Mit der Bahn: Regionalexpress
bis Potsdam und weiter mit der
Regionalbahn nach Caputh

ÜBERNACHTEN:
Resort Schwielowsee,
Am Schwielowsee 116/117,
Werder OT Petzow

GASTRONOMIE:
Haus am See, Neue Scheune 19,
Schwielowsee OT Ferch

Restaurant Märkisches Gilde-
haus, Schwielowseestraße 58,
Schwielowsee OT Caputh

Kavalierhaus Caputh,
Lindenstraße 60,
Schwielowsee OT Caputh

SEHENSWERTES:
Schloss Caputh,
Straße der Einheit 2,
Schwielowsee OT Caputh

NATUR:
Japanischer Bonsaigarten,
Fercher Straße 61,
Schwielowsee OT Ferch

KULTUR:
Einsteinhaus,
Am Waldrand 15–17,
Schwielowsee OT Caputh

Museum der havelländischen
Malerkolonie,
Beelitzer Str. 1/Ecke Dorfstraße,
Schwielowsee OT Ferch

Fercher Obstkistenbühne,
Dorfstraße 3 a,
Schwielowsee OT Ferch

FREIZEITAKTIVITÄTEN:
Strandbad Caputh,
Weg zum Strandbad 1,
Schwielowsee OT Caputh

Bootsverleih Bohte,
Weberstraße 82,
Schwielowsee OT Caputh

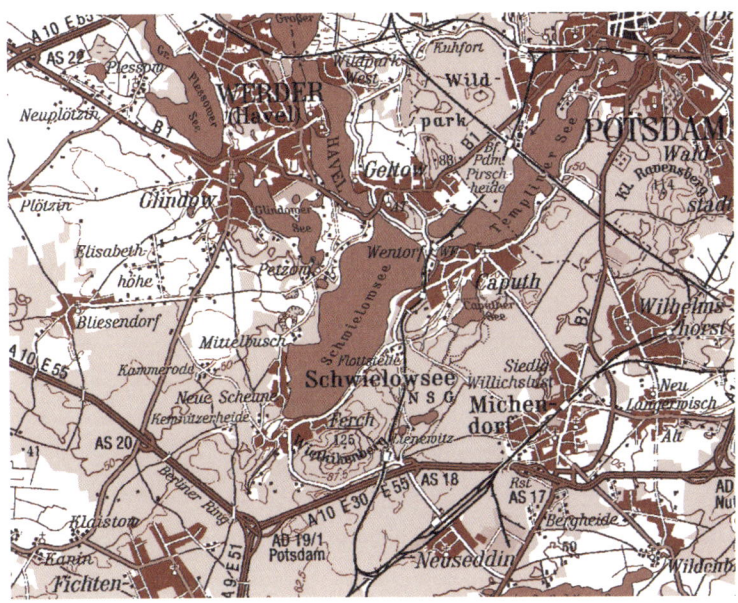

SHOPPING:

Brandenburg Spezialitäten-
Manufaktur und Laden,
Dorfstraße 21,
Schwielowsee OT Ferch

Frucht-Erlebnis-Garten,
Fercher Straße 60,
Werder OT Petzow

WEITERE INFOS:

www.schwielowsee-tourismus.de

Karte Schwielowsee,
© GeoBasis-DE / BKG 2014

Fitness und Kultur

*Rumpelnd und quietschend kommt
der historische Triebwagen aus Müncheberg
zum Stehen. Die Eisenbahninteressierten
unter den Reisenden besuchen als Erstes das
Museum im historischen Bahnhof, ehe sie sich
auf den kurzen Fußweg in das Zentrum von
Buckow machen, um dort, wie alle anderen,
Fitness nach den Regeln von Kneipp zu betreiben oder die anderen Annehmlichkeiten
des Kurortes zu genießen.*

Regenerierung und Prophylaxe á la Kneipp

Der Kneipp-Kurort Buckow am Rande des Schermützelsees steht für Gesundheitstourismus in alter Tradition. Überall am Wasser, sowohl am See als auch im Lauf des Flüsschens Stobber stehen einfache kleine Holzgeländer, an denen gewillte Urlauber sich zum Wassertreten versammeln. Im Schlosspark bietet ein Kräutergarten Kenntnisse zum gesunden Leben und ein Barfußpfad sensibilisiert die Sinne. Nach den fünf Maximen des Sebastian Kneipp: Lebensrhytmus, Kräuter, Ernährung, Bewegung und Wasser werden schon die Kleinsten in der Kneipp-Kita auf eine gesunde Lebensqualität vorbereitet.

Die hügelige und seenreiche Landschaft der Märkischen Schweiz, nur etwa 60 Kilometer östlich von Berlin, wird zum großen Teil bestimmt von abwechslungsreichen Laubmischwäldern. Uralte Rot- und Hainbuchen, Traubeneichen und Linden bilden mitunter wilde Schluchten, die sich dann wieder zu steilen Anhöhen formieren. Der Schermützelsee, mit seiner charakteristischen smaragdgrünen Farbe, bildet das Zentrum dieser Bilderbuchlandschaft.

Sie erlernen die Nutzung von Kräutern, machen Frühsport zu Musik, helfen beim Zubereiten von gesundem Essen und absolvieren täglich eine Kneipp-Anwendung, wie Wasser- oder Schneetreten, Armbaden, Taulaufen oder auch Saunagänge zur Stärkung des Immunsystems.

Der Schlosspark, der seit 1948 ohne Schloss auskommen muss, ist mit seinen Rosenrabatten die sommerlich-romantische Kulisse mancher Veranstaltungen. Vieles in Buckow erinnert noch an DDR-Zeiten, vieles ist sanierungsbedürftig. Auch die Fahrgastschifffahrt über den Schermützelsee auf dem alten Motorschiff Scherri, welches 1879 in Hamburg vom Stapel lief und so manches Gewässer gesehen hat, bevor es 1992 im Schermützelsee auf Tour ging, gerät zum Wagnis.

oben Nach dem Wassertre-
ten folgt eine gemütliche
Rundfahrt auf dem See

unten Badespaß für Jung
und Alt im Strandbad
Buckow

links Jenseits von Shopping-Stress: entspanntes Einkaufen in Buckow

rechts Romantischer Ausblick vom Gasthaus Stobbermühle: Das klare Wasser des Stobber plätschert durch das Mühlenrad

Selbst der Bahnhof, mit seinem kleinen Eisenbahnmuseum, befindet sich in einem erschreckend maroden Zustand. Dafür ist die zwischen Müncheberg, Waldsieversdorf und Buckow pendelnde Museumsbahn aus dem Jahr 1897 blitzeblank geputzt.

Eins der optischen Highlights in Buckow ist das alte Mühlenrad neben dem »Gasthaus Stobbermühle«, welches unermüdlich das Wasser des Stobber, der hier den Buckow- mit dem Griepensee verbindet, in Bewegung hält. Exemplarisch ist hier eine Fischtreppe zu besichtigen, wie sie im Verlauf des Baches vielfach künstlich angelegt wurde, um die Wanderung der Fische zu unterstützen.

Prominenz in prominenter Umgebung

Ganz im Kontrast dazu steht allerdings der Panoramaweg, hoch über dem See, gesäumt von prächtigen Villen, mit atemberaubenden Ausblicken, die den Vergleich mit der Schweiz nicht scheuen brauchen. Wen wundert's, dass auch renommierte Künstler an diesem Lebensgefühl teilhaben wollten, und so unterhielten beispielsweise Bertholt Brecht und Helene Weigel hier ihr Sommerdomizil, wo sie in entspannter Atmosphäre arbeiten und Gäste empfangen konnten. Die Buckower Elegien zeugen von einem arbeitsreichen Sommer 1953. Das Haus ist seit 1977 für Besucher geöffnet und ist Veranstaltungsort für Lesungen, Theater, Ausstellungen und Musikdarbietungen.

Das frühere Sommerdomizil Bertholt Brechts ist heute Schauplatz kultureller Darbietungen

Auch einen Weggefährten Brechts zog es in diese malerische Umgebung, allerdings ins benachbarte Waldsieversdorf am Großen Däbersee. Einer der Initiatoren der DADA-Bewegung und Begründer der politischen Fotomontage, John Heartfield, zog sich hierher, in sein Sommerhaus, umgeben von einem großen Waldgrundstück, zurück. Hier entwickelte er ein Faible für botanische Besonderheiten und genoss von seiner Dachterrasse den einzigartigen Seeblick. Auch dieses Haus ist als Gedenk- und Begegnungsstätte zugänglich.

Einen exklusiven Ausblick
über den See bietet das Hotel
Vier Jahreszeiten

Unterkunft mit Ausblick

Eine exklusive Adresse am Panoramaweg ist das »Hotel Vier Jahreszeiten« mit eigenem Badestrand und Bootsanleger. Das Haus bietet neben seinem stilvollen Ambiente mit Wintergarten, Kaminzimmer und Seeterrasse eine raffinierte Brandenburgische Landküche mit Produkten aus kontrolliert biologischem Anbau und immer wieder den fantastischen Blick auf den Scherri, wie der Schermützelsee auch liebevoll genannt wird. Mit hauseigenen Ruderbooten kann der See geruhsam erobert werden.

Landpartien zum Relaxen

Viele Individualisten und Künstler zog es in diese schöne Landschaft inmitten des Naturparks mit diversen Naturschutzgebieten und Fauna-Flora-Habitaten, von dem 87 Prozent auch als Europäisches Vogelschutzgebiet ausgewiesen ist. Rund um die Altfriedländer Teiche bietet sich ein einzigartiges Naturschauspiel, wenn etwa 40.000 Saat- und Blessgänse auf ihrem Flug von Nord nach Süd dort rasten. Auf den etwa 300 Hektar haben 143 Vogelarten, wie Störche, Milane, Seeadler oder Kraniche ihre Brutstätten und in den kleinen Dörfern im Naturpark scheint die Welt

Perfekt zum Rasten: eine stille Badebucht

noch in Ordnung. Auf unterschiedlichen Routen kann die Gegend erwandert werden. Eine von ihnen ist die Oberbarnimer Feldsteinroute, die das Baumaterial dieser Region, den Feldstein, eine Hinterlassenschaft der letzten Eiszeit, in den Fokus rückt. Kirchen, Häuser, Remisen, Ställe und Mauern aus kunstvoll zusammengefügten Feldsteinen prägen die Identität dieser Landschaft.

Kunst und Kultur am Ende der Welt

An dieser Route liegt auch das idyllische Dörfchen Ihlow. Rund um den Dorfteich gruppieren sich alte Gehöfte, in denen neues Leben eingekehrt ist. Offene Höfe und Ateliers kultivieren Kunst und Lebensart und sorgen für eine unverwechselbare Landschaft von Inspirationen. Landschaftsgärtnerei und Fotografie, Kräuterkurse in einer Brot-Manufaktur, Kunst in einer alten Bauernkate oder Möbelskulpturen und Gartenplanung, sogar ein Antiquariat verlockt zum Stöbern.

Es scheint das Ende der Welt – die Füße sind müde vom ewig holprigen

Kopfsteinpflaster, ein Schwanenpaar behütet seine Brut auf dem Tümpel, da öffnet sich der naturbelassene Garten eines kleinen Biocafés und Hofladens zu einer total entspannten Rast. Vogelzwitschern und das Quaken der Frösche begleiten den Genuss kleiner Köstlichkeiten.

Von Ihlow lohnt sich ein Abstecher nach Reichenow, am nördlichen Rand des Naturparks gelegen. In einem Landschaftspark mit herrlich altem Baumbestand überrascht ein Ende des 19. Jahrhunderts erbautes Schlösschen mit Eckturmen und Zinnen im Tudorstil. Einst als Luxushotel geführt, steht es derzeit leider leer und harrt seiner weiteren Bestimmung.

links oben Schwäne tummeln sich in den Teichen

links unten Neben der Kultur dürfen auch die Gaumenfreuden nicht zu kurz kommen: der Hofladen des Biohofes

rechts Wie aus dem Bilderbuch: das Künstlerdorf Ihlow

Tipps Märkische Schweiz

ANREISE:

Mit dem Auto: Autobahn A 10 bis Abfahrt Berlin-Hellersdorf, weiter auf der B 1/B 5 bis Müncheberg, dann B 168 oder A 12 bis Fürstenwalde Ost und B 168 bis Müncheberg

Mit der Bahn: Regionalbahn bis Müncheberg, weiter mit dem Bus 928 oder ab Müncheberg mit der Buckower-Kleinbahn

ÜBERNACHTEN:

Hotel Vier Jahreszeiten, Ringstraße 5–6, Buckow

GASTRONOMIE:

Gasthaus Stobbermühle, Wriezener Straße 2, Buckow

KULTUR:

Brecht-Weigel-Haus, Bertolt-Brecht-Straße 30, Buckow

John-Heartfield-Haus, Schwarzer Weg 12, Waldsieversdorf

FREIZEITAKTIVITÄTEN:

Seetours Märkische Schweiz, Bertolt-Brecht-Straße 11, Buckow

SHOPPING:

Biohof Ihlow, Ihlower Ring 14, Oberbarnim OT Ihlow

Produzentengalerie Udo Hagedorn, Ihlower Ring 1, Oberbarnim OT Ihlow

Antiquariat in der Scheune, Ihlower Ring 19, Oberbarnim OT Ihlow

Buckower Köstlichkeiten, Am Markt 8, Buckow

WELLNESS:

Sechs Wassertretstellen in Buckow

WEITERE INFOS:

www.buckow-online.de

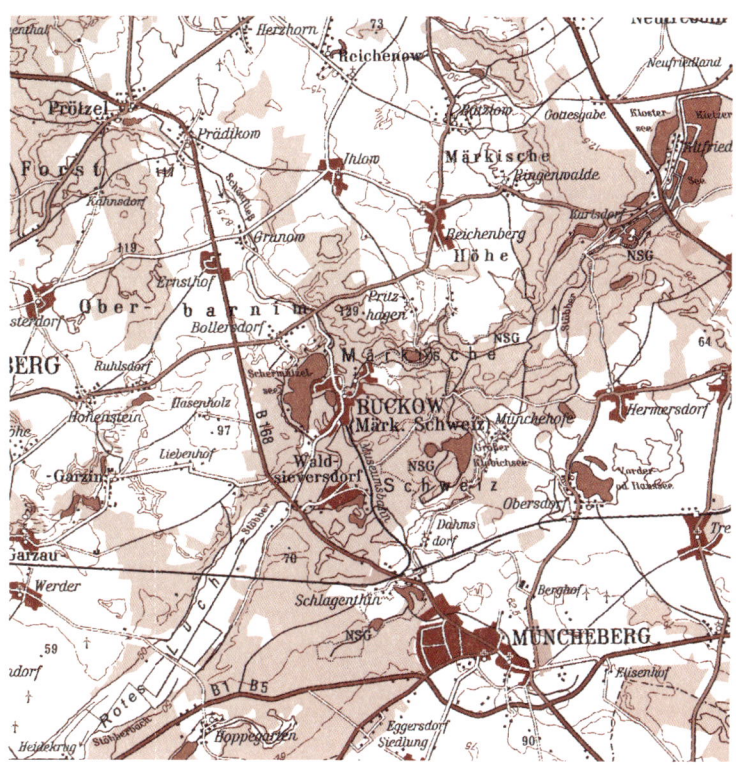

Karte Märkische Schweiz, © GeoBasis-DE / BKG 2014

Refugium für Individualisten

*Sonnenblumen- und Maisfelder begleiten
die kleinen Straßen, die sich durch ein
Labyrinth von Gräben und Kanälen
schlängeln und ab und an eine kleine
Ortschaft durchqueren. Dort erwartet den
Besucher aber manch kulturelle oder kulinarische Überraschung. Am Ende des Weges
erreicht man dann immer die Oder,
egal ob zu Fuß, mit dem Rad oder
dem Paddelboot.*

Von der Fischerei zum Gurkenanbau

Weit schweift der Blick über das Oderbruch. Die Oder schlängelt sich durch die feuchte Wiesenlandschaft und bildet die Grenze nach Polen. Hoch oben in der Ferienwohnung im Historischen Verladeturm in Groß Neuendorf, ist der Blick auf den Ort und auf das satte Grün des Oderbruchs grandios. In der Ferne vereinzelnd Angler, die in stoischer Ruhe aufs Wasser blicken, am anderen Ufer die weite Landschaft Polens. Der Blick endet im Nichts. Hier kann man sich von der unendlichen Weite des Himmels inspirieren lassen.

Das Oderbruch ist dünn besiedelt. Typisch für diese Landschaft sind Loose-Gehöfte, die mit Arealen von etwa 5.000 Quadratmetern vereinzelt inmitten von Nutzflächen liegen. Sie sind Zeugnisse der regionalen Kultur- und Siedlungsgeschichte. Viele Künstler haben sich hier auf abgelegenen Höfen niedergelassen. Im größten zusammenhängenden Flusspoldergebiet Deutschlands herrschen ideale Bedingungen für Kanuten, die hier in das breite landschaftliche Spektrum von Auen, Sümpfen und Brüchen eintauchen können.

Unten im nahen Maschinenhaus, befindet sich ein Restaurant mit großer Terrasse. Der Sundowner wird hier zum absoluten Höhepunkt des Tages. Groß Neuendorf, ein kleiner bunter Fleck in einem kaum besiedelten Landstrich, musste sich neu erfinden, um zu überleben. Der Verladehafen gehört der Vergangenheit an. Historische Bahnwaggons am Deich zeugen von besseren Zeiten. Heute werden sie als Übernachtungsmöglichkeit mit schlichter Ausstattung angeboten, dienen als Ausstellungsraum oder Theaterwaggon und ziehen die neugierigen Blicke der Radler an, die geruhsam auf dem Oder-Neiße-Radwanderweg unterwegs sind und die historische Hafenanlage, ein Ziel der einstigen Oderbruchbahn, in Augenschein nehmen. Das ehemalige Fischerdorf lebt vom Gemüseanbau. Auf ei-

oben Ein Paradies für Angler und Wassersportler: die Oder

unten Entspanntes Radeln entlang dem Fluss auf dem Oder-Neiße-Radwanderweg

oben Kunst und Kultur findet direkt an der Oder in ausrangierten Eisenbahnwaggons statt

unten Die Weltzeituhr aus einem Sammelsurium alter Küchenuhren ist eine der Kuriositäten in Groß Neuendorf

nem Bummel durch den Ort entdeckt man kleine Attraktionen wie die Weltzeituhr in einer maroden Veranda am Deich.
Die Zahl der Uhren ist offensichtlich im Laufe der Jahre da-
hingeschrumpft, ein kurioser Anblick!

Nahebei, die historische Landmaschinenausstellung sowie
ein Töpferhof, wo Bunzlauer Braungeschirr und Tonwaren
gefertigt werden, die »Galerie Koch + Kunst«, die mit ihrem
Angebot von Koch- und Kunstkursen breite Interessenfelder
abdeckt oder das »Landfrauencafé«, der Knotenpunkt für so-
ziales Engagement und Tourismusförderung. Etwas weiter am
Ortsrand, inmitten von Feldern führt ein schmiedeeisernes Tor
mit einer Menora auf den jüdischen Friedhof, auf dem noch einige Grabstellen erhalten sind. Die einstige Synagoge ist lange
zweckentfremdet.

Tür an Tür mit Schafen

Ganz romantisch und bodenständig übernachtet man auf
dem »Erlenhof« im Örtchen Letschin. Die Gastgeber unter-
halten eine Schafzucht und bieten Unterkunft in Schäferwagen, wie sie jahrhundertelang von Wanderhirten genutzt
wurden, ausgestattet mit Schlafkojen und einem kleinen
Tisch mit Bänken oder in einer etwas komfortableren Block-
hütte. Alles ist liebevoll dekoriert und der Besucher spürt
viel Herzblut.

In einer runden Hütte aus rustikalen Holzbalken kann man
die Abende rund um ein Kaminfeuer auf mit weichen Schaffellen gepolsterten Bänken genießen. In einer weiteren Block-
hütte oder im kleinen Pavillon auf der Wiese wird das Frühstück serviert und schnell wird klar, hier dreht sich alles um die

Skudden, eine alte ostpreußische Schaf-
rasse, die auf den umliegenden Weiden
grast.

Ein kleiner Hofladen lädt zum Stöbern ein und bezaubert mit Produkten dieser geselligen Tiere, wie hand-
gesponnener Schafwolle, Schaffellen,
niedlichen Kuschelschafen, Filzpro-
dukten oder auch Seife und Kosmetik
aus Schafmilch, Schafskäse und luftge-
trockneter Salami sowie weiterer Produkten der Region.

Hier ist das Übernachten ein ganz
besonderes Abenteuer und wer vor
Aufregung nicht einschlafen kann,
dem hilft ganz sicher das Schäfchen-
zählen.

Schlemmen beim »Alten Fritz«

Beim Durchstreifen der flachen Oder-
landschaft entlang der Landstraße 34
trifft man bei Neutrebbin neben einer
kleinen Backsteinkirche auf den schön
gelegenen Landgasthof »Zum alten
Fritz«. Das alte Fachwerkhaus von 1920
umgibt ein gepflegter Biergarten, liebevoll dekoriert. Im Schatten der Bäume
lässt es sich herrlich schmausen. Länd-

lich-rustikales wird hier geboten. Fisch aus der Oder dominiert die Speisekarte, aber auch Wildgerichte gehören zum regionalen Angebot. Im gemütlichen Weingewölbe wählt der Gast aus einer Vielzahl guter Weine.

Viel Kultur für wenige Leute

Es geht eine hölzerne Treppe hinauf auf den ersten Boden. Ob Keramik, Schmuck, Bio-Kosmetik oder Textilien aus Naturfasern, wer suchet, der findet hier im Speicherladen des Kunstspeichers in Friedersdorf an der B 167 garantiert etwas. Als technisches Denkmal ist der ehemalige Getreidespeicher mit seinen fünf Böden, in dem von 1923 bis 1990 Getreide gelagert wurde, allemal sehenswert. Seit 1991 finden im Speicher regelmäßig Ausstellungen regionaler Künstler statt. Im Jahre

links oben Klein, aber gemütlich: Schäferwagen laden zum Übernachten ein

links unten Traditioneller Dorfgasthof: Zum alten Fritz in Neutrebbin

rechts Der ehemalige Getreidespeicher beherbergt heute Kunstausstellungen, Speicherladen und Gastronomie

2003 wurden ein Restaurant und der Speicherladen, in dem man wunderbar zwischen regionalen Produkten und Kitsch stöbern kann, angegliedert. Musik- und Kabarettveranstaltungen sowie Handwerkermärkte lassen den dominanten Bau zusätzlich zu einem kulturellen Anziehungspunkt für die ganze Region werden.

Ein weiteres attraktives Ausflugsziel ist Schloss Neuhardenberg, welches am Ende eines etwa einen Kilometer langen Dorfangers des Straßendorfes Neuhardenberg am westlichen Rand des Oderbruches liegt. Der Architekt Karl Friedrich Schinkel verwandelte das ursprünglich barocke Schloss Anfang des 19. Jahrhunderts in ein klassizistisches Kleinod. Die

Gestaltung des großzügigen Land-
schaftsgartens übernahm Hermann
von Pückler-Muskau unter Mitwir-
kung von Peter Joseph Lenné. Das Ensemble von Schlossanlage, Kirche und
Park zählt zu den wenigen erhaltenen
Gesamtkunstwerken des Klassizismus
in Brandenburg. In der Orangerie und
in der Brennerei laden ein Landgasthof und ein Restaurant mit herrlichen
Außenterrassen inmitten mediterraner
Pflanzenwelt zu lukullischen Vergnü-
gungen. Dies ist ein Ort für Leib und
Seele. Kavalierhaus, Kirche und Park
sind Bühnen für mannigfaltige kulturelle Veranstaltungen.

Für Musikliebhaber von alter Musik
ist die Klosterruine Altfriedland, wenige Kilometer nördlich von Neuhardenberg, ein lohnender Abstecher. Das
Reflektorium der mittelalterlichen Zis-
terzienserinnenabtei ist Austragungsort musikalischer Ausflüge in Renaissance, Barock und Frühklassik. Auch
die Brandenburgischen Sommerkon-
zerte finden auf diesem Areal, nahe
den Altfriedländer Teichen, welches
mit dem Klostersee und dem Kietzer
See ein bedeutendes Vogelschutzgebiet bildet, statt. Im Herbst bietet hier
das Naturschauspiel der durchreisen-
den Saat- und Blässgänse die musikalische Kulisse.

Tipps Oderbruch

ANREISE:

Mit dem Auto: Autobahn A 10
bis Abfahrt Berlin-Hellersdorf,
weiter auf der B 1 bis Seelow

Mit der Bahn: Regionalexpress
bis Frankfurt/Oder und weiter
mit der Regionalbahn

ÜBERNACHTEN:

Übernachtung im Schäferwagen,
Erlenhof im Oderbruch,
Kienitzer Oderstraße 51,
Letschin OT Kienitz Nord

Hotel Schloss Neuhardenberg,
Schinkelplatz, Neuhardenberg

GASTRONOMIE:

Zum Alten Fritz, Altlewin 18,
Neutrebbin

Maschinenhaus,
Hafenstraße 2, Letschin OT Groß
Neuendorf

SEHENSWERTES:

Schloss Neuhardenberg,
Schinkelplatz, Neuhardenberg

KULTUR:

Kulturhafen Groß Neuendorf,
Letschin OT Groß Neuendorf

Klosterruine Altfriedland

FREIZEITAKTIVITÄTEN:

Kanuverleih Wriezen,
Am Hafen 1, Wriezen

SHOPPING:

Kunstspeicher an der B 167,
Frankfurter Straße 39,
Vierlinden OT Friedersdorf

Töpferhof,
Alte Dorfstraße 2,
Letschin

WEITERE INFOS:

www.oderbruch-tourismus.com

Karte Oderbruch, © GeoBasis-DE / BKG 2014

Auf den Spuren der Ritterromantik

Über eine Brücke und durch ein imposantes Tor betritt man den Burghof. Zwar erwarten den Besucher der Burg Eisenhardt dort heute nicht mehr die Rittersleute, aber ein Besuch lohnt sich allemal. Von der Burgmauer hat man einen atemberaubenden Blick über Bad Belzig und den Hohen Fläming, der Burgladen bietet regionale Spezialitäten an und das Burghotel lädt zu längerem Verweilen ein.

Eine gemütliche Kreisstadt

Der Weg zur Burg Eisenhardt führt vorbei an einer mit Blattgold reich verzierten Postdistanzsäule von 1725 nahe dem »Burgbräuhaus«, einer kleinen Privatbrauerei in einem der ältesten Häuser der Stadt. Von hier geht es bergauf zur Burg, vorbei an der kleinen Bricciuskapelle mit dem jahrhundertealten Begräbnisplatz des ehemaligen Dorfes, durch das trutzige Torhaus, in dem das Heimatmuseum untergebracht ist, auf den Burghof. Der 24 Meter hohe Bergfried lockt zur Besteigung, aber auch der weitläufige Burghof bietet schon einen sensationellen Panoramablick auf die Stadt. Im ehemaligen Salzmagazin aus dem 15. Jahrhundert ist ein Hotel mit Gaststätte untergebracht. Von der Terrasse schweift der Blick über die Dächer der kleinen Kreisstadt des Landkreises Potsdam Mittelmark weit in die Ferne.

Der Naturpark Hoher Fläming gilt als drittgrößtes Großschutzgebiet Brandenburgs. 90 Prozent davon sind Landschaftsschutz-, 6 Prozent Naturschutzgebiet. In der Alten Brennerei in Raben befindet sich das Naturparkzentrum, wo man in einer Erlebnisausstellung schon mal vorab mit der Natur auf wunderbare Weise Bekanntschaft schließen kann, ehe man der Feldsteinkirchentour oder dem spannenden Bergmolchwanderweg durch das Naturschutzgebiet nach Rädigke folgt.

Auf dem Burghof kann man sich vor der Kulisse einer mächtigen Zisterne und dem Burgbrunnen die jedes Jahr im August stattfindende Feier der Burgfestwoche lebhaft vorstellen. Für Wanderer bieten sich der Burgenwanderweg, der europäische Fernwanderweg oder auch ein 38 Kilometer weiter Kunstwanderweg mit 28 in die Landschaft integrierten Kunstwerken zwischen Bad Belzig und Wiesenburg an.

Bad Belzig, mitten im über 800 Quadratkilometer großen Naturpark, der zur Hälfte aus Wald und zur anderen Hälfte aus landwirtschaftlichen Nutzflächen besteht, ist der ideale

Das Areal des Burghofs lädt
zum entspannten Flanieren
entlang der Burgmauer ein

Ausgangspunkt für die Erkundung dieser hügeligen Burgen-region mit immerhin bis zu 200 Meter hohen Erhebungen. Das historische Städtchen ohne Lärm und Hektik ist heute durch ein modernes Thermalsole-Heilbad, das den Besucher mit Relax-, Wohlfühl- oder Vitaltagen verwöhnt, ein be-liebtes Reiseziel. Dermaßen entspannt ist man fit für einen Rundkurs auf dem Panoramawanderweg von 15 Kilome-tern, um sich einen Überblick über Stadt und Landschaft zu verschaffen, vorbei an den geschichtsträchtigen Highlights der Stadt, wie dem wunderbaren Rathaus, erstmals erbaut im Jahre 1671 und nach einem verheerenden Brand 1972 in den Jahren 1988 bis 1991 in Anlehnung an den historischen Renaissancebau wiederhergestellt.

Von der Burg Eisenhardt blickt man über die Dächer von Bad Belzig in den Hohen Fläming

Die Natursportarten stehen im Fläming hoch im Kurs. So finden Angler beispielsweise auf dem Forellenhof in Locktow, östlich von Bad Belzig ein Revier, wo sie ihrer Passion frönen können. Auch in Niemegk kann man sich an den im 14. Jahrhundert von Zisterziensermönchen geschaffenen Teichen, die seit 1900 zur Forellenzucht genutzt werden, beim Angeln entspannen. Die hiesige Werdermühle war ehemals königlich preußischer Hoflieferant.

links Im Burgbräuhaus wird seit Jahrhunderten Bier gebraut

rechts Weithin sichtbar: der Bergfried der Burg Eisenhardt

Genuss aus heimischen Teichen und Wäldern

Eine Mühle besonderen Formates ist die bei Bad Belzig gelegene »Springbach-Mühle«, ein liebevoll restauriertes historisches Fachwerkgebäude mit Mühlenteich, malerisch an einem rauschenden Bach gelegen. In diesem romantischen Ambiente werden auch Gästezimmer angeboten.

Die Speisekarte bietet bodenständige märkische Küche, frischen Fisch aus eigenen Teichen und Wild aus den umliegenden Wäldern.

links Idyllisch gelegen: die Springbach-Mühle

rechts Mediterrane Atmosphäre im Schlosspark Wiesenburg. Ein Ort zum Lustwandeln

Flanieren im Schlosspark

Entlang der Deutschen Alleenstraße geht es südwestlich von Bad Belzig nach Wiesenburg. Der kleine Ort wird von einem Schloss dominiert, das einst von Albrecht dem Bären als Burg erbaut wurde. Nach Bränden und Kriegen erstrahlt es heu-

links Bizarre Tuffsteinformationen und ornamentale Bepflanzung unterstreichen die Exklusivität dieses Parks

rechts Man fühlt sich wie im Mittelalter: ein holprig gepflasterter Weg führt zur Burg Rabenstein

te in neuem Glanz mit reich verzierter Fassade in einem sehr gepflegten Park mit aus fernen Ländern importierten Gehölzen, Grotten aus Tuffstein und einem Teich mit Fontäne. Die Schlossanlage in Wiesenburg ist durch ein repräsentatives Eingangsportal zu erreichen und wird flankiert durch einen 48 Meter hohen Turm mit hölzerner Aussichtsgalerie.

Das Schloss beherbergt exklusive Eigentumswohnungen. Gartensaal, Kaminzimmer, Saunakeller und Schlossterrasse können von allen Eigentümern gemeinsam genutzt werden. Welch luxuriöses Umfeld! Die Remise bietet heute kreative Hausmannskost im Ambiente eines Kutschstalls. Einst diente sie als Marstall, Kutscherwohnung, Schweinestall und zeitweise auch als Turnhalle eines bis 1992 im Schloss untergebrachten Internats. Auf einem ganz besonderen Spaziergang mit einem Guide durch den alten Schlosspark kann man eine total entschleunigte Welt erspüren, dem Klang einer tibetanischen Glocke lauschen und die heilsame Kraft der Stille erleben oder am Yoga-Walking auf einer zehn Kilometer langen Wanderung teilnehmen.

Mittelalterliches Flair in der Burg Rabenstein

Der Duft von frisch gebackenem Brot empfängt den Besucher. Der Ofen im historischen Backhaus von 1860 wird mit Reisig des umliegenden Laubwaldes angeheizt. Neben dem köstlichen Holzofenbrot gibt es auch andere Produkte der Region. Am Ende des kurzen Kopfsteinweges erblickt man schon die imposante Burg Rabenstein, die heute als Herberge mit Ausschank geführt wird. Auf dem Weg zum Bergfried passiert man eine Scheune mit seltenem Bohlensparrendach in Tonnenform, ehe man durch das Torhaus in den Burghof eintritt. Mittelalterliches Flair vermitteln die Burgkapelle, von Martin Luther 1517 höchstpersönlich eingeweiht, sowie eine Folterkammer mit Streckbank und anderen Geräten, die das Gruseln lehren.

Die Burg bietet rustikale Unterkunft in einfachen, großen Schlafsälen und köstliche Verführungen, wie geschmorte Wachteln in Chili-Honig-Marinade, Rabensteiner Wildcremesuppe mit Bau-

ernbrot oder auch Gulasch vom Hirsch und Wildschwein mit Trauben-Speck-Croutons im Rittersaal. In einer nahen Falknerei – ein Gewerbe, welches im Mittelalter seinen Höhepunkt erlebte – kann man nicht nur die Flugbahnen der majestätischen Greifvögel verfolgen, sondern auch eine Ausbildung zum Falkner absolvieren und in eine längst vergessene Welt eintauchen.

Aber auch Reiter haben mannigfaltige Möglichkeiten, die Natur auf dem Rücken der Pferde zu genießen. Egal, ob auf Islandpferden vom Erlebnisbauernhof in Groß Briesen oder Quarter Horses von der Triple-D-Ranch in Reetzerhütten, der 110 Kilometer Rundweg mit weiteren Reiterhöfen ist auf jeden Fall ein Erlebnis. In Neuendorf bei Niemegk sollte man im »Landhotel im Fläming« nicht nur das Gestüt Falkenhof besuchen, sondern auch den köstlichen Klemmkuchen, eine über offener Flamme gebackene, mit Sahne gefüllte Waffel, probieren.

links Im Turm der Burg Rabenstein scheint die Zeit stehengeblieben zu sein

rechts Rustikal rasten im Hof der Burg Rabenstein

Tipps Hoher Fläming

ANREISE:

Mit dem Auto: Autobahn A 9
bis Abfahrt Niemegk, weiter auf
der B 102 nach Bad Belzig

Mit der Bahn: Regionalexpress
bis Bad Belzig

ÜBERNACHTEN:

Burghotel Bad Belzig,
Wittenberger Straße 14,
Bad Belzig

Burg Rabenstein,
Zur Burg 49,
Rabenstein/Fläming

GASTRONOMIE:

Springbach-Mühle,
Mühlenweg 2,
Bad Belzig

Schlossschänke Zur Remise,
Schlossstraße 2a,
Wiesenburg

NATUR:

Falknerei zu Burg Rabenstein

KULTUR:

Museum Burg Eisenhardt,
Wittenberger Straße 14,
Bad Belzig

FREIZEITAKTIVITÄTEN:

Reiter- und Erlebnisbauernhof
Groß Briesen, Kietz 11,
Belzig OT Groß Briesen

Forellenhof Locktow,
Mühlenstraße, Locktow

SHOPPING:

Burgbräuhaus Bad Belzig,
Wittenberger Straße 1,
Bad Belzig

WELLNESS:

SteinTherme Bad Belzig,
Am Kurpark 15, Bad Belzig

WEITERE INFOS:

www.belzig.com

Karte Hoher Fläming, © GeoBasis-DE / BKG 2014

Die Wiege der Reformation

Ein lauschiges Plätzchen findet sich
für jeden im Park des Schlosses Wiepersdorf.
Nach einem Besuch des Museums lässt
es sich hier prächtig entspannen. Dann kann
es weitergehen zu einem Bummel durch
die historische Altstadt von Jüterbog oder nach
Kloster Zinna, einem weiteren kulturellen
Anziehungspunkt der Region – alles Orte,
die an den hervorragend ausgebauten Wegen
des Fläming-Skate liegen.

Von Mönchen und Webern

Als sich im Jahre 1170 die ersten Mönche hier in der Nähe von Jüterbog ansiedelten, war die Gegend sumpfig, einsam und beschaulich. Aber die emsigen Klosterbrüder verloren sich nicht nur in Gebeten, sondern kultivierten das Land, betrieben Wasserwirtschaft und beträchtlichen Handel und entwickelten sich zum größten Kreditgeber für die Markgrafen. Von ihrem Kloster sind einige Gebäudeteile, wie die Kirche, die neue Abtei und das Siechenhaus erhalten. Die neue Abtei beherbergt heute ein Heimatmuseum und im Siechenhaus kann man die Herstellung des schmackhaften »Zinnaer Klosterbruders«, eines Kräuterlikörs, beobachten und nicht zuletzt an einer Verkostung teilnehmen. Unter diesem Einfluss ist das an

Die sanfte Hügellandschaft des Niederen Fläming lädt Wanderlustige ein, per pedes den Spitzbubenweg rund um Jüterbog oder den Luther-Tetzel-Weg von Jüterbog nach Wittenberg durch verträumte Dörfer mit alten Kirchen auf den Spuren der Reformation und der mittelalterlichen Gedankenwelt zu erwandern. Heutzutage muss die Angst vor wilden Tieren, Räubern oder Dämonen nicht allzu groß sein. Der Erholungswert ist zugegebenermaßen riesig.

links Schmiedekunst
in der Kirche von Kloster
Zinna

rechts Geschichte der
Mönche: in der Abtei ist
heute ein Museum
untergebracht

einer schweren Kette am Pranger baumelnde Halseisen längst
nicht mehr so furchteinflößend. Beliebt sind auch die Konzerte in der Klosterkirche bei romantischem Kerzenschein, die
durchaus eine beschwingte und entspannte Atmosphäre auf
dem Klosterareal verbreiten. Im alten Zollhaus wird heute ein
Webermuseum betrieben, welches die Geschichte der Weber
und ihres Handwerks vermittelt. Friedrich der Große holte,
nachdem die Mönche im Strudel der Reformation verschwun-

den waren, der Dreißigjährige Krieg ebenso wie der Sieben-
jährige Krieg ihre Spuren hinterlassen hatten, im Jahre 1764
Weber aus der Lausitz, um sie hier in einer Kolonie anzusie-
deln. Für kurze Zeit wurde die Region durch die textile Kunst
der Tuchherstellung belebt. Die Webersiedlung ist bis heute in
ihrer Struktur erhalten.

Ein Herrenhaus im Dienste der Kunst

Eine Kröte löst sich aus der Gruppe der Zwerge am Wegesrand,
deren Herkunft unbekannt ist, und sucht sich ihren Weg zum
nahen Schlossteich, um dann abzutauchen. Die hässlichen Stein-
gnome aber müssen ausharren und den befremdlichen Blicken
der Flaneure standhalten. Schloss Wiepersdorf im Niederen Fläming, einst Wohnsitz des bedeutenden Dichterpaares der Ro-
mantik, Ludwig Achim und Bettina von Arnim, ist heute, wie
auch schon im 18. und 19. Jahrhundert ein kultureller Treffpunkt
mitten in der Einsamkeit des Niederen Fläming. Herrenhaus
und Park wurden vom Enkel des Künstlerpaares Achim von Arnim-Bärwalde, ausgebaut und umgestaltet. Der Maler brachte
von seinen Italienreisen die Sandsteinskulpturen und Vasen mit,
die dekorativ im Park zwischen altem Baumbestand platziert
sind und zusammen mit den mediterranen Kübelpflanzen, Rosen und Stauden ein wunderbar entspannendes südliches Ambiente schaffen. Eine Orangerie lädt zum Kaffee- und Kunstgenuss
ein. Regelmäßig finden hier hochkarätige Kulturveranstaltungen
statt. Im Herrenhaus ist ein Museum mit Möbeln und Werken
der ehemaligen Schlossherren sowie Gemälden von Achim von
Arnim-Bärwalde untergebracht und in den Anbauten ist ein

Künstlerhaus für Stipendiaten eingerichtet. Literaten, bildende Künstler, Komponisten und andere Kulturschaffende bekommen hier die Chance, in ländlicher Abgeschiedenheit für einige Zeit ihre Kreativität zu leben. Eine kleine Kirche mit angegliedertem Friedhof erinnert an die adelige Familie.

Der ausgedehnte Park des Schlosses Wiepersdorf

Schlendern in Jüterbog

Das über 1.000-jährige Städtchen Jüterbog zeigt sich reich an Schätzen mittelalterlicher Bausubstanz. Das wohl markanteste Gebäude der historischen Altstadt ist die Nikolaikirche mit ihren zwei unterschiedlichen Türmen, von denen man einen fantastischen Blick über die Stadt und das Umland hat. Das Innere der dreischiffigen Hallenkirche ist prachtvoll ausgemalt und besticht mit Fresken und einem kunstvollen mittelalterlichen Flügelaltar. Hinweis auf das Wirken des Dominikanermönches Johann Tetzel, der hier Ablasspredigten hielt, ist der Tetzelkasten. In diesem mit kunstvollen Schnitzereien und wertvollen Beschlägen versehenen Kasten wurden die Erlöse aus dem Ablassverkauf gesammelt. »Wenn das Geld im Kasten klingt, die Seele aus dem Feuer springt«, dieser Spruch soll die Sünder ermutigt haben, sich vom Fegefeuer freizukaufen. Solcherlei Machenschaften haben Martin Luther, dessen Wirkungskreis im nahen Wittenberg war, dazu veranlasst, seine 95 Thesen zu veröffentlichen. Damit wurde die Reformation ausgelöst.

Das Rathaus auf dem Marktplatz ist ein weiterer geschichtsträchtiger Ort. Im Fürstenzimmer des Obergeschosses, einem Meisterwerk spätgotischer Baukunst, haben schon Wallenstein und Friedrich der Große das Schicksal der Stadt gelenkt. Durch eine Verhandlung in der Gerichtslaube, der offe-

Historische Häuser
sieht man immer wieder
in Jüterbog

Lauschiges Plätzchen: der Marktplatz von Jüterbog

nen Vorhalle des Rathauses, gegen den kriminellen Kaufmann Hans Kohlhase, wurde sogar die Inspiration zu einem literarischen Werk geweckt.

Bei einem Spaziergang rund um den Marktplatz sind viele gut erhaltene Fachwerkbauten zu entdecken. Des Öfteren begegnet einem der Heilige Mauritius, der Schutzpatron der Stadt, beispielsweise an der nordöstlichen Ecke des Rathauses. Drei trutzige Stadttore fordern bewundernde Blicke ein und die Mönchenkirche, die ehemalige Klosterkirche der Franziskaner, ist ein Quartier für kulturelle Einrichtungen geworden.

Auf märchenhaften Spuren

Unübersehbar steht er am Marktplatz, der alte blumengeschmückte Wagen mit der hölzernen Figur des Schmiedes, der mit einem Hammer auf den Teufel einschlägt. Eine eindrucksvolle Darstellung eines Volksmärchens, das in Jüterbog angesiedelt ist ebenso wie das Restaurant »Schmied zu Jüterbog«. In rustikalem Ambiente zwischen Schmiedewerkzeugen kann man hier gespannt sein, was sich hinter den Gerichten Luthereiche, Teufelsschmaus, oder Tetzelkasten verbirgt.

Speisen in rustikalem Ambiente: der Schmied zu Jüterbog

Fläming-Skate

Aktive, naturnahe Erholung finden Inline-Skater und Radfahrer auf einem zwei bis drei Meter breiten Asphaltstreifen, der sich wie ein Band über etwa 230 Kilometer Länge quer durch den Fläming zieht. Auf acht Rundkursen mit unterschiedlichen Schwierigkeitsgraden streift man viel Sehenswertes und Interessantes am Wegesrand. Ob Mühle, Denkmal oder Hof-

Auf Inline-Skates kommt man im Niederen Fläming an fast jedes Ziel

laden, Vieles lädt zum Verweilen ein. Die Skate-Arena in Jüterbog aber ist der sportliche Höhepunkt. Hier kann man sich beim Speedskating messen, hier finden internationale Sportereignisse statt.

Landwirtschaft zum Anfassen

Direkt am Fläming-Skate gelegen, lädt in einem kleinen Angerdorf nordöstlich von Jüterbog, der Erlebnishof Werder zu einem informativen Abstecher ins ländliche Leben ein. In der Scheune des Vierseithofes lässt sich manch dörfliche Feier erleben. Im Vordergrund aber steht die Erlebniswelt mit Pferden. Großzügige Ställe, Reitanlagen und eine Reithalle mit Tribüne locken Pferdefreunde hierher, um Reitunterricht zu nehmen, ausgiebige Ausritte in die umliegende Landschaft zu unternehmen oder auch nur einen Blick auf die rassigen Tiere zu erhaschen. Kutsch- und Kremserfahrten können gebucht werden und Fahrräder sowie Inline-Skates stehen zum Verleih parat, um auf den kleinen oder großen Rädern Wälder, Wiesen und kleine Orte in der Umgebung zu erobern. In einem angegliederten Landwirtschaftspark mit verschiedenen Haustieren und Ackerflächen, auf denen vielerlei Feldfrüchte angebaut werden, wird dem Besucher ein Einblick in die landwirtschaftliche Produktion vermittelt. Am abendlichen Lagerfeuer können die Erlebnisse des Tages dann bei Cowboy-Romantik ausgetauscht werden.

Eintauchen in die Welt der Landwirtschaft kann man im Erlebnishof Werder

Schlafwagenhotel

Wer es noch nicht geschafft hat, in der Transsibirischen Eisen-
bahn fremde Länder zu bereisen, dem sei das Schlafwagenhotel
im brandenburgischen Ort Altes Lager empfohlen, um schon
mal das richtige Feeling für eine solche Unternehmung zu bekommen. Schlafwagen, Salonwagen und die Donnerbüchse,
ein Waggon aus den 1930er-Jahren, sowie ein ICE-Speisewagen
lassen an Originalität nichts zu wünschen übrig.

Einsteigen, aber nicht
abfahren: Übernachtung im
Schlafwagen

Tipps Niederer Fläming

ANREISE:
Mit dem Auto: Autobahn A 9
bis Abfahrt Niemegk, weiter auf
der B 102 oder A 13 bis Abfahrt
Kuckau und weiter auf der
B 102 nach Jüterbog

Mit der Bahn: Regionalexpress
bis Jüterbog

ÜBERNACHTEN:
Schlafwagenhotel & Oldtimer-
café Altes Lager,
Kastanienallee 4, Altes Lager

GASTRONOMIE:
Gasthaus Schmied zu Jüterbog,
Markt 12, Jüterbog

SEHENSWERTES:
Museum Kloster Zinna,
Am Kloster 6,
Jüterbog OT Kloster Zinna

KULTUR:
Künstlerhaus
Schloss Wiepersdorf,
Bettina-von-Arnim-Straße 13,
Wiepersdorf

Webhaus Museum,
Berliner Straße 72,
Kloster Zinna

FREIZEITAKTIVITÄTEN:
Erlebnishof Werder,
Werder 45, Jüterbog OT Werder

Skate-Arena Jüterbog,
Am Reitstadion, Jüterbog

SHOPPING:
Essenzherstellungstätte,
Am Kloster 6,
Jüterbog OT Kloster Zinna

WEITERE INFOS:
www.jueterbog.de

Karte Niedere Fläming, © GeoBasis-DE / BKG 2014

Spargelfelder inmitten ländlicher Idylle

Gemütlich traben die Pferde auf dem Sandweg am Ufer der Nieplitz. Eine entspannte Art, den Naturpark zu erkunden. Aber nicht nur hoch zu Ross, sondern auch mit dem Fahrrad oder auf Schusters Rappen findet man den Weg zu den Spargelfeldern, die diese Region bekannt gemacht haben. Wenn man sich auf einem der Spargelhöfe oder in einem urigen Dorfgasthof gesättigt hat, kann es weitergehen in das Wildgehege, an den Blankensee oder in die historische Altstadt von Beelitz.

In freier Natur

In Löwendorf bei Trebbin liegt der Naturpark dem Wanderer zu Füßen, nachdem er den steilen, sandigen Weg durch den Wald zum Gipfel des 103 Meter hohen Löwendorfer Bergs und auch noch den 21,7 Meter hohen, hölzernen Aussichtsturm erklommen hat. Ein grandioser Ausblick über Kiefernwälder bis ins 36 Kilometer entfernte Berlin und bis Potsdam belohnt die Mühe. »Lass Dein Auge ruhig schweifen und die Seele sich erquicken an den schönen Flämingblicken«, rät ein Dichter aus Trebbin an dieser Stelle.

Der Naturpark Nuthe-Nieplitz erstreckt sich südwestlich von Berlin über eine Fläche von 623 Quadratkilometer. Ruhe und Weite sind in dieser abwechslungsreichen Landschaft mit ihren Wäldern, Heide- und Sandflächen, Mooren und Weihern Programm. Lange Wanderrouten führen durch diese liebliche Natur und streifen so manches Vogelparadies.

Gen Norden liegt das Wildgehege Glauer Tal, welches durch das NaturParkZentrum erreichbar ist. Auf einem ehemaligen Truppenübungsplatz hat sich eine Wildnis mit Heideflächen und Birkenwäldern entwickelt, die weitgehend naturbelassen bleibt. Dam-, Rot- und Muffelwild lebt hier in einem Freigehege von 160 Hektar nahezu wie in freier Natur und der Parkbesucher kann den äsenden Herden relativ nahe kommen. Wer eine Zeit lang ruhig auf einer der rustikalen Bänke am Wegesrand ausharrt, kann oftmals sogar den glücklichen Moment genießen, wenn aus dem nahen Dickicht eine kleine Gruppe der scheuen Rehe oder Mufflons direkt den Weg kreuzt.

Ganz nah dran: äsende Rehe
im Wildpark Glauer Tal

Spargel – der Schatz der Region

Überall in der Region sieht man die typischen Spargelfelder

Beelitz ist wohl die bekannteste Stadt im Naturpark und assoziiert unweigerlich das Qualitätsprodukt dieses Landstrichs, den Beelitzer Spargel. Wie Perlen einer Kette reihen sich die Höfe der Spargelbauern an der sogenannten Spargelstraße entlang der Bundesstraße 246 aneinander. Seit 1861 wird das edle Gemüse in dieser Region angepflanzt. Die Felder umfassen eine Anbaufläche von etwa 1.500 Hektar. In einem kleinen Museum in Schlunkendorf ist die Geschichte des Spargels liebevoll in Szene gesetzt. Ein Spargel-Lehr- und Wanderpfad führt über Wald- und Sandwege rund um die Felder von Beelitz und Schlunkendorf und vermittelt mancherlei nützliche Informationen über den Spargelanbau.

Ein Ziel für Genussmenschen

Beim Durchkreuzen des nördlichen Teils des Naturparks auf der Strecke von Trebbin nach Beelitz ist es fast zu übersehen, das unscheinbare Schild zum Örtchen Körzin. Dabei ist dieses Sackgassendorf unbedingt einen Abstecher wert und das hier ansässige Restaurant »Landlust« eine Offenbarung. Der Hausherr ist leidenschaftlicher Jäger, die Hausherrin begnadete Köchin, in deren Küche viele Erzeugnisse aus dem eigenen Garten zum Einsatz kommen. Hochwertige Produkte werden hier kompetent und kreativ zu gehobener Gastronomie verarbeitet. Schonender Umgang mit Ressourcen und Fair Trade sind die Basiswerte dieses Hauses. Der kleine, in den Gastraum integrierte Hofladen, ist zudem ein Blickfang mit seinen liebevoll dekorierten Produkten der Region.

Im Restaurant Landlust wird gehobene Küche in rustikalem Ambiente gepflegt

oben Nur über den Steg zu
erreichen: der Blankensee

unten Versteckt im idyl-
lischen Park: das Schloss
Blankensee

Still ruht der See

Hier sitzen tarnfarben gekleidete Ornithologen mit ihren Ferngläsern und Teleskopen oft stundenlang, in Stille verharrend, um einen Blick auf die seltene Vogelwelt zu erhaschen. Entschleunigung bis zum Stillstand! Am Ufer des Blankensees, der unter Naturschutz steht und nicht zugänglich ist, steht für Spaziergänger am dichten Schilfgürtel entlang ein 200 Meter langer Bohlensteg mit Bänken zur Naturbeobachtung zur Verfügung.

Westlich des Wildgeheges erstreckt sich um den Blankensee die Nuthe-Nieplitz-Niederung. Dieses Gebiet wird geprägt durch Erlenbruchwald sowie Feucht- und Salzwiesen.

Ein Spaziergang für Romantiker im Schlosspark Blankensee

Das Dorf Blankensee bietet mit seinem einst von Peter-Joseph-Lenné entworfenen Schlosspark ebensolche entspannenden Augenblicke. Ein schmiedeeisernes Tor führt in dieses kleine Paradies. Weiße, geschwungene Holzbrücken überspannen kleine Wasserläufe. Skulpturen, Büsten und ein Herrenhaus im märkischen Barock stehen im satten Grün der verwilderten Vegetation. Über dem Park liegt ein Hauch von marodem Charme, dem man sich auf einer Bank sitzend eine Ewigkeit lang hingeben könnte.

Hoch auf dem gelben Wagen

Die Alte Posthalterei von 1789, königlich-preußische Post-expedition mit Möglichkeit zum Ausspannen der Pferde, vermittelt dem Besucher der historischen Altstadt von Beelitz einen Einblick in die Zeit der Postkutschen. Im 18. Jahrhundert wurde diese Reisestation auf der Strecke Berlin – Leipzig auch von berühmten Persönlichkeiten, wie Goethe, Schiller und Bach zu einer Pause genutzt, um sich von den Strapazen der Reise über holprige Straßen und staubige Wegstrecken zu regenerieren. Dieses ganz besondere Reisegefühl vergangener Zeiten vermittelt sich Interessierten auch heute noch auf den unterschiedlichen Beelitzer Postkutschen-Rundfahrten querfeldein, vorbei an alten Dörfern, Mooren und Obsthainen im Zweistromland zwischen Nuthe und Nieplitz. Ganz authentisch, ist neben der Posthalterei ein typischer Vierseithof – die ehemalige Schmiede – mit Werkstatt und historischen Werkzeugen im Hof erhalten. Anstelle des monotonen Hämmerns auf dem Amboss, bestimmen aber heutzutage eher die Töne kultureller Veranstaltungen dieses Ambiente.

links Eine historische Postkutsche vor der Alten Posthalterei in Beelitz

rechts Wunderschön präsentiert der Hofladen in Rieben seine Produkte

Eine dörfliche Idylle

Die entspannte Atmosphäre eines märkischen Dorfes kann der Gast im »Landgasthof Rieben« erleben. Vier Gästezimmer bieten Ruhe und Intimität in dem an einer kleinen Aue gelegenen Haus gegenüber der Dorfkirche. Offene Höfe laden ein zu einem Blick hinter die Kulissen und ein fünf Kilometer weiter Rundwanderweg um den Riebener See, einen in Brandenburg seltenen Klarwasserflachsee mit einem Beobachtungssteg, beginnt direkt vor der Tür. Schöner kann Entspannung nicht erlebt werden.

Für größere Wanderungen wurde der Fläming-Walk, Brandenburgs größter Nordic-Walking-Park, geschaffen. 43 Rundkurse von vier bis 21 Kilometern Länge wollen erwandert werden, mitten durch abwechslungsreiche Naturlandschaften, vorbei an Alleen, Findlingen, Mühlen und Lehrpfaden.

Tipps Naturpark Nuthe-Nieplitz

ANREISE:

Mit dem Auto: Autobahn A 9 bis Abfahrt Beelitz, weiter auf der B 246 oder auf der A 10 bis Abfahrt Michendorf und weiter auf der B 2

Mit der Bahn: Regionalexpress bis Michendorf und weiter mit der Regionalbahn

ÜBERNACHTEN:

Landgasthof Rieben, Riebener Dorfstraße 9, Beelitz OT Rieben

GASTRONOMIE:

Landlust Körzin, Dorfstraße 19, Beelitz GT Körzin

SEHENSWERTES:

Alte Posthalterei, Poststraße 16, Beelitz

Schmiedehof, Poststraße 14, Beelitz

NATUR:

NaturParkZentrum am Wildgehege Glauer Tal, Glauer Tal 1, Trebbin OT Blankensee

KULTUR:

Spargelmuseum Beelitz, Kietz 36, Beelitz OT Schlunkendorf

FREIZEITAKTIVITÄTEN:

Meadow Ranch Körzin, Körzin 6, Beelitz GT Körzin

SHOPPING:

Verschiedene Hofläden in Rieben

Spargelhalle Zauchwitz, Trebbiner Straße 69f, Beelitz OT Zauchwitz

WEITERE INFOS:

www.beelitz.de

Karte Beelitz, © GeoBasis-DE / BKG 2014

Vom Angelteich zum Kunstbahnhof

*Nur keine Eile! Stundenlang
liegt das Boot an der gleichen Stelle,
die Angler lehnen sich entspannt zurück
und warten geduldig, bis ein Fisch anbeißt.
Wie sollte es auch anders sein auf
dem Mellensee? Schmückt sich der Ort
doch mit dem Beinamen »Dorf der Fischer«.
Aber nicht nur Fischliebhaber kommen
hier auf ihre Kosten. Strandbäder laden
zum Sprung ins kühle Nass ein und auf
stillgelegten Bahnstrecken kann man mit der
Draisine die Gegend erkunden.*

Das Dorf der Fischer

Der Ort Mellensee liegt am nördlichen Ende des gleichnamigen Sees. Die Fischer des Dorfes bemühen sich um einen sanften Tourismus und die Bewahrung der Angel- und Fischereitradition. Das jährliche Fischerfest im Juli ist einer der touristischen Anziehungspunkte. Ein großes Gaudi sind die sportlichen Wettbewerbe, wie das Fischerstechen oder das Teichziehen. Gemeinschaftsangeln steht ebenso auf dem Programm, wie die Wahl der Fischerkönigin und bei Fischbrötchen und -suppe werden neue Kräfte mobilisiert. Auf den Fischerhöfen kann man ganzjährig frischen Fisch und

Rund um den Mellensee, nur etwa 30 Kilometer südlich von Berlin, liegt zwischen den ehemaligen Sperenberger Gipsbrüchen und den Klausdorfer Tongruben eine einzigartige Landschaft. Auf dem »Boden-Geo-Pfad« kann der Wanderer viel über diese Region erfahren. Kleine Seen prägen die Landschaft. Die Orte Klausdorf, Mellensee und Sperenberg sind mit ihren Strandbädern beliebte und beschauliche Naherholungsgebiete.

Räucherfisch zum Verzehr erwerben, ebenso wie Fische für den Gartenteich. Einige Teiche sind zum Angeln freigegeben und einer der Fischer betreibt ein holländisches Grachtenboot für Rundfahrten auf dem Mellensee, auf denen es Informatives zum See und seinen Bewohnern zu hören gibt.

Exoten aus der Scheune

Sie heißen Shiitake, Ling Zhi oder Auricula und wachsen zusammen mit anderen geheimnisvoll klingenden vorwiegend asiatischen Pilzarten in einer Scheune in Mellensee auf dem Pilzhof Piesker. Sie strotzen nur so von Vitaminen, Säuren,

Mineralstoffen und Spurenelementen. Die Mykotherapeutin Gabriela Piesker kennt sich aus in Naturheilverfahren mit Pilzen, die in der chinesischen Medizin schon seit Menschengedenken angewandt werden. Es gibt die Vitalpilze frisch, getrocknet, als Pulver oder Tee. Auch Pilz-Öl oder -Schnaps sind im Angebot. Der Pilzhof ist nicht nur ein lohnendes Ausflugsziel für Gourmets, sondern auch für alle, die alternative Heilmethoden favorisieren.

Fischernetze am Mellensee: die Fischerei ist allgegenwärtig

Frischer Fisch auf dem Tisch

Wer bei schönem Wetter auf der großen Terrasse keinen Platz mehr bekommt, der sucht sich ein Plätzchen an den Tischen auf dem Rasen, die weitläufig verteilt stehen. Natürlich dominieren leckere Fischspezialitäten aus den umliegenden Seen und Teichen die Speisekarte und Wünsche der Gäste, die beispielsweise den Fisch ohne Kopf serviert haben möchten, werden gern erfüllt. Eis und Konditoreiwaren kommen aus der hauseigenen Produktion.

Am südlichen Ufer des Mellensees, im Ortsteil Klausdorf, liegt das Restaurant »Mellenseeterrassen«. Ein großzügiges

Erlebnisübernachtung im Bauwagen bei den Mellenseeterrassen

Grundstück mit direktem Seezugang steht für die Bewirtung der Gäste zur Verfügung. Das Gelände lädt ein zum Spazieren und Bestaunen der ländlichen Dekoration und als Besonderheit stehen zur rustikalen Übernachtung einige Bauwagen zur Verfügung.

Stille und Einkehr

Für Menschen, die Stille und Einkehr suchen, einfach mal dem hektischen Alltag entfliehen wollen, ist der Rückzug in ein Kloster eine optimale Gelegenheit. Im 1934 gegründeten Benediktinerinnenkloster in Alexanderdorf widmeten sich einst die Nonnen in erster Linie der Seelsorge und Krankenpflege, später dann der Landwirtschaft. Der Tagesablauf der Schwestern wird durch Gebete und Arbeit strukturiert. Seit 1938 gibt es eine Hostienbäckerei, die ganz Deutschland mit Hostien beliefert. Sogar nach Russland, Polen und Ungarn werden die verschiedenen Produkte verschickt.

Bis zum Jahr 2000 sind in ehemaligen Stallungen auf dem Gutsgelände zwei Gästehäuser und Tagungsräume entstanden. In einfachen Unterkünften können Gäste so einige Tage der Ruhe verbringen oder auch an angebotenen Themenkomplexen, wie »Meditation des Tanzes«, »Ikonenmalerei als geist-

Die Nonnen des Klosters St. Benedikt beherbergen gerne Gäste

liches Tun« oder den »Besinnungstagen für Frauen« teilnehmen. In den Sommermonaten erklingen im Rahmen der Som-
mermusiken geistliche Lieder, Orgelwerke oder die Klänge
von Laute, Violine oder Violincello aus der zur Kirche um-
gebauten ehemaligen Scheune. Einsame Spaziergänge bieten
der fünf Kilometer lange Klosterrundweg oder der Europäische Fernwanderweg.

Zum Mühlentag nach Saalow

Ein großer Tag im ehemals als Rundlingsdorf angelegten Saalow ist der jährliche Mühlentag am Pfingstmontag, denn Saalow hat gleich zwei sehenswerte Mühlen zu bieten. Die gut
erhaltene Paltrockwindmühle, eine Weiterentwicklung der
Bockwindmühle, und die Schubertsche Scheunenwindmühle,

Einzigartiges Bauwerk:
die Scheunenwindmühle
in Saalow

ein einzigartiges technisches Denkmal. Die von Johann Trau-
gott Leberecht Schubert 1866 in Dresden entwickelte Mühle
basiert auf dem Prinzip der Zugluft. Auf dieser Basis arbeitete die Mühle, deren Windräder in das Mühlengehäuse integ-
riert sind, bis 1914. In späteren Jahren wurde sie bis 1957 mit
einem Elektromotor betrieben. Seit Anfang der 1990er-Jahre
steht die schmucke Mühle im Fachwerkstil als Museum auf
dem zentralen Dorfanger in Saalow neben dem Bürgerhaus.
Gern wird sie auch als fotogene Kulisse für Hochzeiten genutzt. Zum Mühlentag ist sie jedenfalls zwischen Handwerks-,
Markt- und Imbissständen als attraktives Ausflugsziel auch in
Aktion zu bewundern. Ebenfalls an der Dorfaue befindet sich
ein großer Reiterhof, der mit Dressur-, Trail- und Springplatz,
Longierzirkel, Roundpen, Reithallen und eigenem Waldgebiet

zum Ausreiten wohl keine Wünsche seiner pferdeaffinen Gäste offenlässt. Und auch das Elternhaus eines der bedeutendsten Bildhauer des deutschen Klassizismus, Johann Gottfried Schadow, ist in Saalow zu finden.

Mit der Draisine zum Bildhauerkurs

Eine fantastische Art sich zu entspannen, ist die Entdeckung und Entwicklung der eigenen Kreativität. Im Bildhauerzentrum in Sperenberg besteht die Möglichkeit zu Bildhauerkursen

Kreative Atmosphäre bietet der Bahnhof von Sperenberg

für Anfänger und Fortgeschrittene. Ob man mit leichten Materialien, wie Ton oder Pappmaché beginnt oder gleich wagt Holz oder Stein zu modellieren, bis hin zum Guss in Beton oder Bronze ist alles möglich. Das Ehepaar Ine und Wouter Spruit hat das alte denkmalgeschützte Bahnhofsgebäude gekauft und zum Wohn- und Atelierhaus umgestaltet. 1998 fuhr hier der letzte Zug, dann wurde die Strecke der ehemals königlich-preußischen Militärbahn stillgelegt, und wo früher die Reisenden auf den Zug warteten, trifft man heute auf Skulpturen, die auf künstlerisch interessierte Bewunderer warten. Einige Besucher kommen auf den alten Gleisen mit der Draisine, auf einer Strecke, die von Zossen über Sperenberg nach Jänickendorf führt. Da ist es eine schöne Abwechslung, sich in Atelier und Garten umzuschauen und eventuell Anregungen für diese wunderbare Freizeitgestaltung zu bekommen. Materialien gibt es im Bahnhofsshop und für die Teilnehmer an mehrtägigen Kursen stehen Gästezimmer zur Verfügung.

links Mit der Draisine kann man von Zossen bis Jänickendorf fahren

rechts Eindrucksvolle Skulpturenausstellung im Garten des ehemaligen Bahnhofs

Tipps Mellensee

ANREISE:

Mit dem Auto: Autobahn A 13
bis Abfahrt Bestensee, weiter auf
der B 246 nach Zossen und auf
der L 791 nach Mellensee

Mit der Bahn: Regionalexpress
bis Zossen und weiter mit
dem Bus

ÜBERNACHTEN:

Kloster Alexanderdorf – Abtei
St. Gertrud, Klosterstraße 1,
Am Mellensee OT Alexanderdorf

GASTRONOMIE:

Mellenseeterrassen,
Zossener Straße 36,
Am Mellensee OT Klausdorf

SEHENSWERTES:

Scheunenwindmühle Saalow,
Dorfaue Saalow 19,
Am Mellensee OT Saalow

NATUR:

Sperenberger Gipsbrüche

KULTUR:

Bildhauerzentrum
Bick Art Supplies,
Bahnstraße 1,
Am Mellensee OT Sperenberg

FREIZEITAKTIVITÄTEN:

Erlebnisbahn – Draisine fahren,
An den Wulzen 23, Zossen

SHOPPING:

Pilzhof Piesker,
Zossener Chaussee 18,
Am Mellensee OT Mellensee

Fischhof am Mellensee,
Hauptstraße 3,
Am Mellensee OT Mellensee

WEITERE INFOS:

www.gemeinde-am-mellensee.de

Karte Mellensee, © GeoBasis-DE / BKG 2014

Wo die Heide blüht

*Man muss schon ein wenig suchen,
um im Spätsommer in der Niederlausitzer
Heide auch wirklich die blühende Heide
zu finden, aber der Weg lohnt sich.
Man wandert oder fährt mit dem Rad
durch beeindruckende Wälder und kann am
Wegesrand Prachtlibellen, Schmetterlinge
und Vögel beobachten. Nach soviel
Naturgenuss freut man sich dann wieder
auf belebte Ortschaften und imposante
Bauwerke, wie die Schlossanlage in
Doberlug-Kirchhain.*

Traditionsreicher Kurbetrieb
seit 1905

Grazil schmückt sie das Brunnenhäuschen auf dem Markt-platz von Bad Liebenwerda, das Hirtenmädchen Barbara, das im 30-jährigen Krieg der Sage nach viele Menschen durch Fisch und Wasser aus der Schwarzen Elster von der Pest geheilt hat. Jetzt schaut sie mit zwei Fischen in den Händen, aus denen das Wasser sprudelt, über den weiten Marktplatz Richtung Rathaus, im Rücken die St. Nikolai Kirche, wo einst auch Martin Luther Einfluss genommen hat.

Wo heute Heide blüht oder Teichlandschaften locken, hat die Natur sich Raum zurückerobert. Aus Bergbau- und Manövergebieten wurden blühende Landschaften, die sich dem sanften Tourismus verschrieben haben. Ruhig und gemächlich ist die Devise. »Schnucken gucken« ist eines der aufregendsten Abenteuer.

Um den Platz herum reihen sich kleine Häuschen, allesamt nett renoviert und beschaulich. Etwas weiter am Rossmarkt ist das Café Beeg ein idealer Ort, um die genussreiche Seite der Stadt kennenzu-lernen. Die Mineralquellen von Bad Liebenwerda sind über die Landesgrenzen bekannt und die Stadt ist auf dem Weg, sich als Kurort zu profilieren. Der Kurpark zieht sich am Ufer der Schwarzen Elster entlang, imponiert mit jahrhundertealten Eichen und gibt sich ansonsten ganz unaufgeregt mit seiner kleinen Konzertmuschel und den Minigolfbahnen. Anziehungspunkte sind die Lausitztherme »Wonnemar« und der Lubwartturm, von dem man aus 31,5 Meter Höhe eine weite Sicht über die Stadt und deren Umgebung hat. Der Turm am Burgplatz ist der Berg-fried einer ehemaligen Wasserburg, die umliegenden Gebäude Reste des Schlosses Liebenwerda, die heute als Museum und Bürgerhaus genutzt werden. Höhepunkte in Bad Liebenwerda sind das jährliche traditionelle Schlauchbootrennen im Frühjahr

oben Brunnenhäuschen mit dem Hirtenmädchen Barbara gegenüber dem Rathaus von Bad Liebenwerda

unten Üppige Blumenpracht schmückt den Kurpark

links Ideal für Paddeltouren: die Schwarze Elster

rechts Hirschmedaillons auf Wirsing: eine der Spezialitäten im Parkschlösschen Maasdorf

oder die »Lange Nacht des Puppenspiels« im Herbst, in der man mit Handpuppen und Marionetten wunderbare Freundschaften schließen kann.

Ein beliebtes Freizeitvergnügen in dieser Region ist es, auf der Elster zu paddeln. Bootsverleihe und Anlandestellen befinden sich überall entlang der Schwarzen und der Kleinen Elster. So gelangt man auf der Kleinen Elster, einem Nebenflüsschen der Schwarzen Elster, die sich auf vorbildliche Weise, nachdem sie Mitte des 20. Jahrhunderts begradigt wurde, wieder renaturiert von Liebenwerda ins nordöstlich gelegene Maasdorf schlängelt. Auf den angrenzenden Streuobstwiesen und dem Walderlebnispfad kann man ganz eins mit der Natur werden. Im Elster-Natoureum Maasdorf erschließt sich das Elbe-Elster-Gebiet dem interessierten Besucher in einem Überblick en miniature. Nordwestlich von Liebenwerda, rund um Wahrenbrück, verzweigt sich die Kleine Elster in viele kleine

Wasserläufe, die liebevoll Kleiner Spreewald genannt werden. Dort verkehren auch die typischen Spreewaldkähne, auf denen die Passagiere ganz gemütlich vom Wasser aus diese außergewöhnliche Landschaft genießen können.

Wildgerichte und Karpfen

1701 wurde in Maasdorf erstmals ein Rittergut erwähnt. Anfang des 20. Jahrhunderts verwandelte sich das schlichte, eckige Gutshaus durch Anbau von mehreren Türmchen in ein romantisches, schlossähnliches Gemäuer, welches den Besucher auch heute noch als »Parkschlösschen Maasdorf« verzaubert. Zu dieser Zeit wurde auch auf dem Schornstein einer alten Brennerei auf dem Hof von einem Gutsarbeiter ein Wagenrad installiert. Seitdem brüten dort jedes Frühjahr Störche.

Aber keine Angst, das Restaurant bietet keinen Storchenbraten. Der Gast hat die Wahl zwischen Gerichten, wie Hirschmedaillons auf Wirsing, Frischlingsrücken mit Pilzen oder Karpfenfilet unter Kartoffelkruste. Die Karpfen werden in nahen Teichwirtschaften gezüchtet, wo man sie freitags auch frisch geräuchert über Erlenholz erwerben kann.

Das Parkschlösschen verfügt auch über Gästezimmer. Wer also beim Relaxen im Biergarten an der plätschernden Kleinen Elster die Zeit vergisst, kann sich getrost hier einquartieren, vielleicht sogar an einem Jagdwochenende im 850 Hektar großen Hochwildrevier teilnehmen.

Freizeit mit Pferden

Weiter geht es von Maasdorf auf der Landstraße Richtung Thalberg, wo jährlich im August ein Pferde- und Bauernmarkt Besucher von nah und fern anlockt. Apropos Pferde: Diverse Unternehmen bieten in dieser Region Kremsertouren im Naturpark
an. Besonders schön ist eine Tour zur Blüte der nektarreichen
Besenheide Ende August.

Die hiesigen Heideflächen entwickelten sich erst nach 1988
auf dem Gelände eines einstigen Truppenübungsplatzes und
bieten heute einer ganz besonderen Flora und Fauna einen
speziellen Lebensraum, unterbrochen von Sandtrockenrasen,
Traubeneichenwäldern oder Silbergrasfluren. Die Heideflächen werden durch Heidschnucken kultiviert. Eine Fahrt im
Pferdefuhrwerk durch das Blütenmeer der Streuobstwiesen bei

links Auch die Pferde
müssen mal entspannen

rechts Paradies für
Wanderer und Radler: die
Niederlausitzer Heide

Dreska im Frühling ist ein weiteres naturnahes Vergnügen. Vertieft werden können die Eindrücke über den Obstanbau im Pomologischen Schau- und Lehrgarten in Döllingen, einem kleinen Ort etwa 14 Kilometer südöstlich von Bad Liebenwerda.

Aber nun weiter entlang der Kleinen Elster durch den Naturpark Richtung Doberlug. Kurz vor dem Ort erstreckt sich östlich des Örtchens Lindena, inmitten einer idyllischen Seenplatte, das Erholungsgebiet Bad Erna mit dem Waldsee, um dessen Ufer sich kleine Ferienhäuschen gruppieren. Bis 1927 beherrschte der Braunkohleabbau diesen Landstrich. Nach Stilllegung der Gruben sammelte sich Grundwasser in den Restflächen und bildete die Seenplatte, an deren Ufern in den

1930er-Jahren ein Bauboom einsetzte und Wochenenddomizile wie Pilze aus dem Boden schossen. Am Waldsee entstand ein schon damals gut frequentiertes Strandbad, welches auch heute noch, aufgepeppt mit einem Angebot von Trendsportarten, ein Anziehungspunkt für die Region ist, während die anderen Seen als ruhige Angelgewässer ausgewiesen sind. Pferdefreunde finden südlich der Seen ein weites Netz von Wanderreitstationen, in denen Mensch und Tier bestens versorgt werden, bevor sie die außergewöhnliche Landschaft weiter erkunden.

Pferde beleben auch das 400-Seelen-Örtchen Lindena. Der hier ansässige Fahr- und Reitverein bietet das ganze Jahr über abwechslungsreiche Veranstaltungen, wie Reiterrallyes, Kranzreiten oder Kutschenkorsos, an deren Rande man auch die etwa 260 Jahre alte Linde im Ort oder das Bauernmuseum im regional-typischen Dreiseithof, in dem das bäuerliche Leben des 18. Jahrhunderts dokumentiert ist, besichtigen kann. Events wie Klemmkuchenbacken, Schlachte- oder Erntefeste bringen Abwechslung in das beschauliche, ländliche Leben.

Erinnerung an die Geschichte des Bergbaus in Bad Erna

Frisch renoviert: das Renaissanceschloss
in Doberlug-Kirchhain

Relikte der Renaissance im neuen Glanz

Richtung Norden erreicht man Doberlug, historisch relevant durch sein Renaissanceschloss und die Klosterkirche, hervorgegangen aus einem Zisterzienserkloster. Beide Gebäude erstrahlen 2014 zur ersten Brandenburgischen Landesausstellung in neuem Glanz.

Der Ortsteil Doberlug-Kirchhain rühmt sich, ein europaweit einmaliges Weißgerbermuseum zu präsentieren. Der interessierte Besucher erfährt hier alles rund ums Leder, denn die Stadt war einst einer der größten Produktionsstandorte von Schafleder in Deutschland und das geschichtsträchtige Haus wurde 1753 als Gerberhaus erbaut. In der Blütezeit des Gewerbes, um 1900, gab es in der Umgebung etwa 100 Gerbereien, begünstigt durch das weiche Wasser der Kleinen Elster.

oben Stille genießen und die Architektur bestaunen: die Klosterkirche in Doberlug-Kirchhain

unten Prunkvolles Nebenportal der Klosterkirche

Tipps Niederlausitzer Heide

ANREISE:

Mit dem Auto: Autobahn A 13 bis Abfahrt Ruhland, weiter auf der B 169 und B 101 nach Bad Liebenwerda

Mit der Bahn: Regionalexpress und Regionalbahn nach Bad Liebenwerda

ÜBERNACHTEN UND GASTRONOMIE:

Hotel-Gaststätte Parkschlösschen, Dorfstraße 7, Bad Liebenwerda OT Maasdorf

Konditorei & Café Beeg, Rossmarkt 1, Bad Liebenwerda

NATUR:

Elster-Natoureum, Liebenwerdaer Straße 2, Bad Liebenwerda OT Maasdorf

Besucherzentrum Naturpark Niederlausitzer Heidelandschaft, Markt 20, Bad Liebenwerda

Pomologischer Schaugarten, Döllingen

KULTUR:

Weißgerbermuseum, Potsdamer Straße 18, Doberlug-Kirchhain

FREIZEITAKTIVITÄTEN:

Strandbad Erna, Naherholungsgebiet Bad Erna, Doberlug-Kirchhain

Kutsch- und Kremserhof Peter Hering, An den Weinbergwiesen 2, Bad Liebenwerda

SHOPPING:

Teichwirtschaft Thalberg, Liebenwerdaer Straße 39, Bad Liebenwerda OT Thalberg

WELLNESS:

Lausitztherme Wonnemar, Am Kurzentrum 1, Bad Liebenwerda

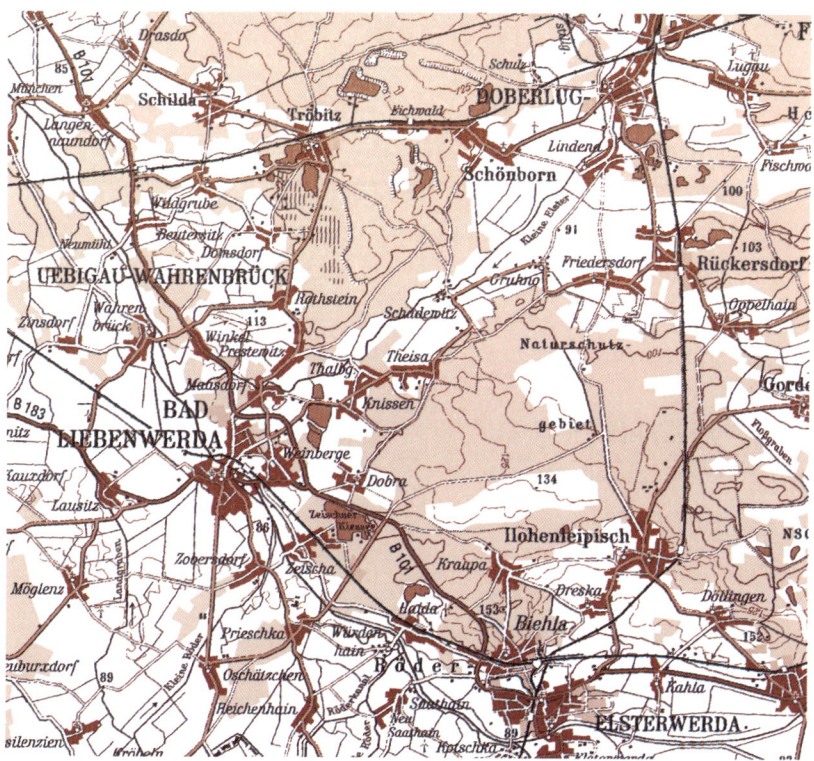

WEITERE INFOS:

www.bad-liebenwerda.de,

www.naturpark-nlh.de

Karte Niederlausitzer Heide, ©
GeoBasis-DE / BKG 2014

Eine facetten-reiche Natur-landschaft

*Manch einer wird sich die Augen
reiben angesichts der gewaltigen Düne
mitten in Brandenburg. Durch tiefen
Sand geht es beschwerlich bergauf.
Ist erst einmal der Gipfel erreicht,
bietet sich ein atemberaubender Blick
über den Großen Storkower See,
den gleichnamigen Ort und die Groß
Schauener Seenkette in der Ferne.
Wenn man diese Aussicht intensiv
genossen hat, geht es wieder abwärts,
mit dem Ziel, all diese Orte
zu erkunden.*

Beschaulichkeit in Storkow

Das brandenburgische Örtchen Storkow liegt in einer Landschaft, die vielerlei Besonderheiten zu bieten hat. Eine Binnendüne, seltene Flachwasserseen und salzige Wiesen sind die Attraktionen.

Ruhig und beschaulich ist es hier und in den umliegenden kleinen Gassen. Durch die nahe Holzklappbrücke über den Storkow-Kanal staut sich ab und an der wenige Verkehr. Am Kanal gehen Angler ihrem Hobby nach und das Storchennest in der Kirchstraße wird jedes Frühjahr bezogen, um dem Stadtwappen alle Ehre zu machen. Ansonsten zieren immer wieder Plastikstörche in unterschiedlichen Verkleidungen das Stadtbild. In der Mitte des Marktplatzes von Storkow steht die gigantische Friedenseiche, umrundet von einer Bank. Etwa 200 Jahre soll sie alt sein.

Historischer und kultureller Mittelpunkt Storkows ist die Burg, deren Wurzeln auf das Ende des 12. Jahrhunderts zurückgehen. Allerdings sieht man ihr das Alter nicht an, alles ist renoviert und erstrahlt in neuem Glanz. Verschiedene Ausstellungen und eine Freilichtbühne im Burghof bieten Abwechslung für die Bewohner des kleinen Städtchens und ihre Besucher.

links Dörfliche Idylle am Storkower Kanal

rechts Kultureller Mittelpunkt des Ortes: die Burg Storkow

Binnendüne am See

Ein weiteres Ziel der besonderen Art in dieser Region ist die Binnendüne Waltersberge am nördlichen Ufer des Großen Storkower Sees gelegen, deren Entstehung etwa 8.000 bis 10.000 Jahre zurückliegt.

Die Düne positioniert sich etwa 36 Meter über dem See und 70,5 Meter über Normalnull. Der Wanderer wird am Wegesrand durch Informationstafeln für die Flora und Fauna der Düne, die seit 1990 als Naturschutzgebiet ausgewiesen ist, sensibilisiert. Leider lassen sich Blindschleiche, Kreuzkröte und Ringelnatter sowie das Große Grüne Heupferd nicht auf Bestellung blicken. Dafür zeigen sich dem begierigen Naturfreund Moose, Flechten, Blau-Schillergras und die schmarotzende Kiefern-Mistel.

links Entspannter
Ausblick über den
Großen Storkower See

rechts Wandern im
Sand: die Binnendüne
Waltersberge

Kleine Preziosen am Wegesrand

Von der Burg Storkow aus kann eine geologische und biologische Besonderheit auf einem 8,5 Kilometer weiten Rundweg und Schusters Rappen erkundet werden: der Salzweg. Er führt von Storkow über die Luchwiesen bei Philadelphia, Groß Schauen und die Marstallwiesen zurück zur Burg. Es handelt sich hier um die besterhaltensten Binnensalzstellen in Brandenburg. Salziges Wasser tritt hier aus tiefen Erdschichten an die Oberfläche und bringt eine ganz besondere Pflanzenwelt hervor. Es sind die kleinen Kostbarkeiten wie Erdbeerklee, Strandmilchkraut, Strandaster oder Strandwolfsmilch am Wegesrand, die die ganze Aufmerksamkeit des Betrachters erfordern. Den großen Überblick bietet ein Aussichtsturm in den Marstallwiesen.

links Der genaue Blick lohnt sich: Viele Schmetterlinge sind bei Wanderungen zu beobachten

rechts Lehrreiche Ausstellung: ein ausgestopfter Fischotter in der Ausstellung der Heinz Sielmann Stiftung

Südlich von Storkow erstreckt sich die Naturlandschaft Groß Schauener Seen, die Teil des Naturparks Dahme-Heideseen ist. Mit den Seen Groß Schauener See, Großer Wochow See, Schaplowsee, Großer Selchower See sowie Schweriner und Bugker

See formiert sich hier eine der bedeutendsten Flachwasserseen-
ketten Europas. Eine Fahrradroute von 35 Kilometern schlängelt sich um die Seenkette, die als Rast- und Überwinterungs-
gebiet für Zugvögel attraktiv und mit ihren Erlenbrüchen,
Feuchtwiesen und Kiefernforsten ein Refugium für seltene
Tierarten ist. Im Jahre 2002 erwarb die Heinz Sielmann Stiftung
den schützenswerten Landstrich und wacht über den Erhalt
der Artenvielfalt. Was der Wanderer in der freien Natur nicht
entdecken kann, zeigt eine multimediale Ausstellung auf dem
Areal der Fischerei Köllnitz am Groß Schauener See. In verschiedenen Rauminszenierungen kommt der Besucher Fischotter und Fischadler hier auch sinnlich ganz nahe.

Fisch in allen Variationen

Idyllisch ist die Lage an einem kleinen Wassergraben mit einem
Wasserrad direkt vor dem Eingang des malerischen Fachwerk-
hauses. Von der Terrasse aus gleitet der Blick über mehrere
Fischteiche, an deren Rand Schautafeln über den Fischreichtum
der Seenkette informieren. Zander, Hecht und Karpfen dominieren die Speisekarte, aber auch Steinbeißer, Aal und Wels, an-
gerichtet mit Bratkartoffeln und Grilltomaten machen Appetit.
Das Restaurant »Köllnitzer Fischerstuben« am Groß Schauener
See ist weit über die Region hinaus bekannt für seine fangfri-
schen Fischgerichte inmitten einer kleinen Erlebniswelt.

Ein Verdauungsspaziergang zwischen den Teichen in Richtung See zur Märkischen Fischgalerie mit Arbeiten regionaler Künstler bietet sich an. Doch Vorsicht, nicht erschrecken,
wenn plötzlich ein Frosch aus dem Gras in den rettenden Teich
springt. Auf der anderen Seite der Teiche befindet sich ein klei-

Aus dem See auf den Teller:
In den Köllnitzer Fischer-
stuben kommt fangfrischer
Fisch auf den Tisch

nes Hotel garni. Gäste können einen Grillplatz nutzen oder mit einem der Ruderboote auf den See hinausfahren und die Seele baumeln lassen. Auch das kleine Fischereimuseum bietet Zerstreuung. Es dokumentiert die harte Arbeit der Fischer, die hier schon seit dem 13. Jahrhundert ansässig sind und zeigt präparierte Tiere. Als Souvenir gibt es frisch über Buchenspänen geräucherten Fisch aus dem Hofladen.

Von der Fischerei Köllnitz führt ein etwa 1,5 Kilometer langer Naturerlebnispfad zu einem elf Meter hohen Aussichtsturm, von dem man einen grandiosen Blick über die Seenlandschaft hat. Wer nicht gerade das Glück hat, den Fischadler kreisen zu sehen, hat zu Hause noch die Gelegenheit den Adlerhorst auf einem Hochspannungsmast über eine Web-Cam zu beobachten.

Ein Märchenschloss für die Kunst

Glitzernde Wellen reflektieren in den blank gewienerten Bootsrümpfen der Yachten im kleinen Hafen zu Füßen von Schloss Hubertushöhe am Großen Storkower See. Eine kleine Fischerkate bietet dem Spaziergänger auf einer Terrasse direkt am Wasser Kleinigkeiten zum Verzehr und den beeindruckenden Blick auf den See. Ein wahrlich friedliches Plätzchen zum Relaxen. Sauna und Wellness steht an einem Bretterhaus, direkt neben dem Bootssteg. Ein Relikt aus den Zeiten, als das Schloss noch als Luxushotel geführt wurde. Jetzt ist der Saunabereich nicht mehr geöffnet, das Hotel hat den Betrieb eingestellt, das Anwesen ist derzeit nur als stilvolle Kulisse für Hochzeiten, Events und Tagungen zu mieten. Die jetzigen Besitzer planen einen Kunst- und Literaturpark. Die pittoresk restaurierten Gebäude – mit Jagdmotiven an der Fassade – wurden einst, um 1900, im Stil eines Jagdsitzes errichtet und haben einige Besitzer kommen und gehen gesehen. Industrielle und Kaufleute bewohnten dieses repräsentative Anwesen, bevor es von der russischen Armee als Lazarett und später von einer Ingenieurschule für Binnenfischerei genutzt wurde. Berühmte Gäste waren Kaiser Wilhelm sowie Gerhard Schröder, der Jacques Chirac hier traf. Im gepflegten Garten, am Hang zum See, spürt man die Bedeutung des Wortes Lustwandeln körperlich. Kaum vorstellbar, dass dieses Erlebnis durch den avisierten Kunst- und Kulturgenuss noch zu toppen ist. Als ganz exquisites Vergnügen wird für Menschen, die das Besondere lieben, von Berlin-Treptow ein Flug mit dem Wasserflugzeug inklusive Champagnerempfang zu diesem ganz speziellen Ausflugsziel, nur etwa 70 Kilometer südöstlich von Berlin, angeboten.

Eintreten zum Kunstgenuss: das Schloss Hubertushöhe

Tipps Groß Schauener Seenkette

ANREISE:

Mit dem Auto: Autobahn A 12
bis Abfahrt Storkow, weiter auf
der L 23 nach Storkow

Mit der Bahn: Regionalexpress
bis Fürstenwalde, dann weiter
mit dem Bus

ÜBERNACHTEN UND GASTRONOMIE:

Köllnitzer Fischerstuben,
Groß Schauener Hauptstraße 31,
Storkow

NATUR:

Binnendüne Waltersberge,
Reichenwalder Straße,
Storkow

Ausstellung der Heinz-
Sielmann-Stiftung,
Groß Schauener Hauptstraße 31,
Storkow

KULTUR:

Burg Storkow,
Schloßstraße 6, Storkow

Schloss Hubertushöhe,
Robert-Koch-Straße 1,
Storkow

FREIZEITAKTIVITÄTEN:

Irrlandia – der MItMachPark,
Lebbiner Straße 1,
Storkow

SHOPPING:

Gläserne Molkerei,
Molkereistraße 1,
Münchehofe

WEITERE INFOS:

www.storkow.de

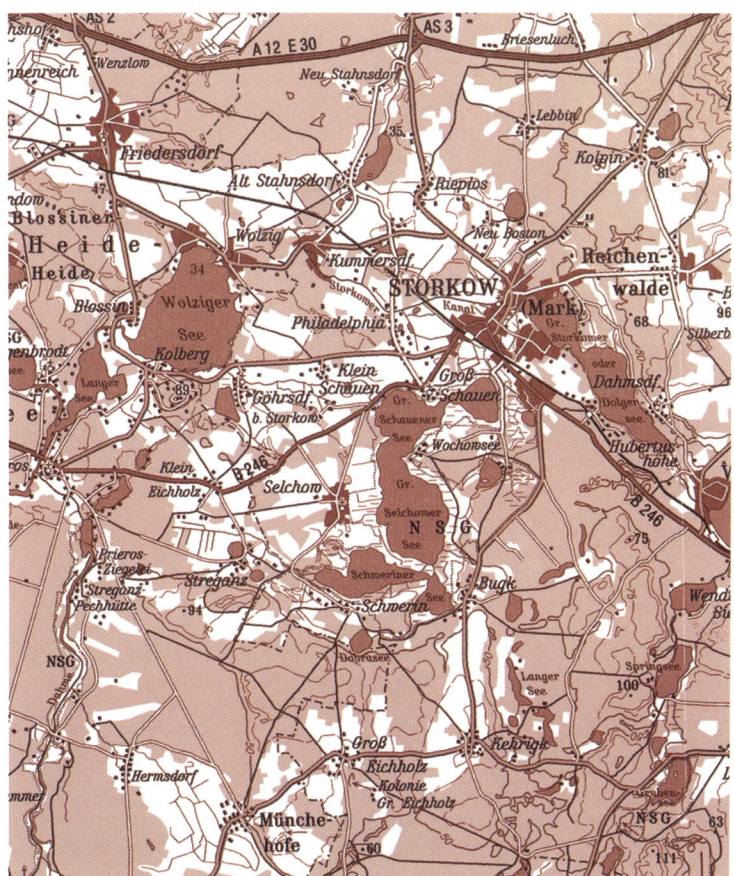

Karte Storkow, © GeoBasis-DE / BKG 2014

Mondänes Flair

Geruhsam schweift der Blick über den See. Man beobachtet die Sportboote, die sanft über das Wasser gleiten, freut sich auf entspannende Momente in der Therme am Nachmittag oder ein Menü auf der Terrasse eines der exquisiten Restaurants am Abend. Der Kurpark in Bad Saarow lädt ein zu einem Bummel durch die farbenfrohe Pflanzenwelt, mehr aber noch zum Verweilen auf einer der Bänke am Ufer des Scharmützelsees.

Wassersport in allen Schattierungen

Niemand scheint es eilig zu haben auf dem Scharmützelsee. Die Segler gleiten bei leichter Brise sanft dahin, manch ein Motorbootkapitän ankert in Ufernähe und die Menschen an Bord genießen einen kühlen Drink oder dösen einfach vor sich hin.

Im Seenland Oder-Spree liegt der zweitgrößte natürliche See in Brandenburg – der Scharmützelsee. Mit zehn Kilometern Länge bietet er an seinen Ufern eine umfassende touristische Infrastruktur und erfreut sich bei Radlern, Wanderern und Wassersportlern jeder Couleur gleichermaßen großer Beliebtheit.

Nur etwa 65 Kilometer von Berlin entfernt ist der See seit Ende des 19. Jahrhunderts durch eine Schleuse in Wendisch Rietz auch per Fahrgastschiff von Berlin zu erreichen. An seinen Ufern dümpeln in den Marinas Motor- und Segelschiffe, Dorf Saarow rühmt sich des größten Segelvereins Brandenburgs und in Wendisch Rietz können Wassersportler Geräte zum Surfen, Kiten, Rudern sowie Paddeln ausleihen. Zudem bietet das Seeufer diverse Badestellen für eine kleine Erfrischung im klaren Nass. Der See ist ebenfalls ein attraktiver Austragungsort nationaler und internationaler Segelregatten. Seine stillen Buchten südlich der Halbinsel Alte Eichen eignen sich hervorragend für die Trendsportart Stand up Paddling, der einerseits ein hervorragendes Ganzkörper-Workout, andererseits etwas Meditatives nachgesagt wird. Ein etwas aufregenderes Erlebnis bietet der Ortsteil Petersdorf nördlich von Bad Saarow: Auf einem kleinen Natur-See versuchen sich Wasserski- und Wakeboardfahrer an einer Seilbahn, über einen Umlaufkurs von 740 Meter, an im Wasser installierten Sprungschanzen abzuarbeiten. Die akrobatischen Kunststücke sind bestens von der Terrasse des Restaurants »Seeschloss« zu beobachten.

oben Ob Ruder-, Paddel-, Segel- oder Motorboot: Der Scharmützelsee bietet Wassersportfreunden ein ideales Revier

unten Action pur beim Wakeboarden auf dem Petersdorfer See

Kleine Stadt ganz groß

Klein aber fein präsentiert sich der Ort Saarow, der sich seit 1923 offiziell Bad nennen darf, begründet durch das hier abgebaute Naturmoor und die Thermalsole aus der Catharinenquelle, die in der SaarowTherme heilend zum Einsatz kommen.

Der Ort hat sich seitdem ganz der Gesundheit und Wellness verschrieben und neben der Therme bieten vielerlei Einrichtungen Wellness vom Feinsten. Breit gefächerte Verwöhnprogram-

me mit Massagetechniken aus fernen Ländern, wie indische Verwöhnmassagen oder hawaiianische Tempelmassagen, Peelings, Packungen oder auch Kosmetikbehandlungen befreien den Erholungsuchenden von Verspannungen und fördern die körperliche und seelische Ausgeglichenheit. Die Qual der Wahl zwischen all den verheißungsvollen Angeboten ist allerdings erheblich. Vielleicht beginnt man doch erst einmal mit einem ausgiebigen Spaziergang im weitläufigen Kurpark und weidet die Blicke an den prächtigen Villen am Rande aus den 1920er-Jahren.

Am südlichen Seeende, in Wendisch Rietz, offenbart sich im Satama Sauna Resort & Spa mit zehn verschiedenen Saunen eine ganz besondere Erlebniswelt. Im Sata-

ma Theater werden Aufgüsse der Extraklasse zelebriert und in der Banja-Sauna geht es stimmungsvoll auf eine Klangreise. Das entspannende Erlebnis kann dann noch mit einem Orangen-, Zucker- oder Honigpeeling gekrönt werden.

Eine ganz andere Verheißung bietet die kleine Privatrösterei in der Seestraße in Bad Saarow, deren Räumlichkeiten erfüllt sind von frischen Kaffeearomen aus aller Welt. Riesig ist die Auswahl der Kaffeesorten und Trinkschokoladen, wunderschön das Interieur. Die Welt des Kaffees ist hier Offenbarung. Schon Namen wie Jamaica Blue Mountain, Indonesia Java Jambit oder Guatemala Antigua Los Volcanes nehmen den Gast mit auf eine verlockende geschmackliche Weltreise.

links Der historische Bahnhof von Bad Saarow vermittelt schon dem Ankommenden einen mondänen Eindruck

rechts Gut ausgebaute Radwege laden zu einer Tour rund um den See ein

oben Mehrere Restaurants
bieten Spitzengastronomie
mit Blick auf den See: Auch
die Villa Contessa offeriert
kulinarische Highlights

unten Eine Vielzahl von
Kaffeespezialitäten bietet
die Rösterei Bad Saarow

Die Kaffeespezialitäten werden sowohl im Café sowie an den fünf Tischen auf einer kleinen Terrasse serviert. Selbstverständlich werden die exquisiten Produkte aus aller Welt auch außer Haus verkauft. Einmal monatlich finden Verkostungen statt, bei denen die Teilnehmer ihren ganz individuellen Favoriten entdecken und viel über Anbau, Ursprungsländer und Veredlung erfahren können. Ein Erlebnis der ganz besonderen Art.

Im Anschluss daran kann der nahe gelegene historische Bahnhof, eine dreiflügelige Anlage mit Kolonnaden aus dem Jahre 1911 samt repräsentativem Vorplatz, bewundert werden. Ein kleiner Ausflug in die Welt der bildenden Kunst im Kunstraum im Bahnhof, vielleicht sogar mit einer Lesung oder musikalischen Veranstaltung, macht den Tag vollkommen.

Nachtruhe bei Gorki

Unter den zahlreichen Hotel- und Ferienwohnungsofferten in Bad Saarow und Umgebung sticht eine sehr extravagante Übernachtungsmöglichkeit heraus: das Gorki-Haus.

In den goldenen 20er-Jahren erbaut, besetzt es schon durch seine Holzarchitektur mit wunderschönen dunkelroten, dekorativ durchbrochenen Zierelementen eine Sonderstellung. Anfang des 20. Jahrhunderts, als Bad Saarow ein bevorzugtes Ziel von prominenten Kurgästen, wie Stummfilmstars, Sportlern und Künstlern war, kurte auch Maxim Gorki am Scharmützelsee.

Das Holzhaus mit russischer Anmutung, wurde seit 1972 als Gedenkstätte mit Museum und Bibliothek zu seinen Ehren geführt. Seit 2003 fungiert es als Gästehaus mit vier ge-

räumigen Apartments. Zentral und dennoch direkt an Wald und Moorwiesen gelegen, ein idealer Ausgangspunkt für Unternehmungen.

Ein Ort der Schönen und Reichen

Nachdem Bad Saarow schon Anfang des 20. Jahrhunderts ein Anziehungspunkt für die oberen Zehntausend war und dieses Flair sich bis heute durch die vielen pompösen Villen auf gro-ßen Waldgrundstücken rund um den See und die exklusiven Angebote an Wellness und Kulinarik gehalten hat, lässt na-türlich auch das Angebot für Golfer nichts zu wünschen üb-rig. Gleich drei höchst anspruchsvolle 18-Loch-Golfplätze, von verschiedenen Architekten gestaltet, vermitteln unvergessliche Golferlebnisse. Ein vierter öffentlicher 9-Loch-Platz bietet dann Golffeeling für jedermann.

Relaxen auf dem Green: der
Golfplatz bei Wendisch Rietz

Frische Küche der Region

Kreative Kochkunst in der Villa Ettel

Aus der Bar klingt unaufdringlich flotte Musik bis auf die Terrasse und so mancher Fuß fängt unter dem Tisch an zu wippen. Die »Villa Ettel« im Stadtteil Pieskow verarbeitet überwiegend frische Produkte aus der Region und präsentiert sich in moderner Eleganz. Die Gerichte werden kreativ zubereitet und die Portionen sind gut bemessen. Das Preis-Leistungsverhältnis ist stimmig. Der Platz für die Tische auf der Terrasse ist großzügig bemessen und große und kleine, viereckige und runde Tische ergeben ein aufgelockertes Erscheinungsbild. Ein schöner Ort auch zum Heiraten. Wer sich traut – hier ist die Gelegenheit. Das Standesamt Scharmützelsee hat hier eine Außenstelle.

Bad Saarow verfügt über viele weitere gute und gepflegte Restaurants, sodass die Auswahl ungeheuer schwer fällt. Das »Landhaus am See Alte Eichen« lockt mit feiner Landhausküche, die »Villa Contessa« im Kurpark mit klassischer Gourmetküche in romantischem Ambiente und die »Villa am See« im A-Rosa Hotel wartet gar mit 13 Punkten im Gault-Millau-Führer 2015 auf.

Die zauberhafte Welt der Seerosen

Nicht nur der französische Maler Claude Monet war von der Schönheit der Seerosen fasziniert, auch in vielen deutschen Gartenteichen werden diese Ruhe und Eleganz ausstrahlenden Gewächse angesiedelt. Einen Katzensprung vom Scharmützelsee entfernt, liegt die Seerosenfarm in Groß Rietz. Hier werden in großen Wasserbecken weit über hundert heimische und tropische Seerosenarten und Lotusblüten in allen Farben kultiviert. Mit viel Enthusiasmus und Herzblut wird die Vielfalt dieser Wasserpflanzen immer wieder durch eigene Züchtungen erweitert. Liebhaber finden hier so manche Kostbarkeit und auch für zufällig vorbeikommende Ausflügler ist der Anblick der schwimmenden Schönheiten ein einzigartiger Genuss.

Eine von beinahe einhundert Arten, die auf der Seerosenfarm in Groß-Rietz zu bewundern und zu erwerben sind

Tipps Scharmützelsee

ANREISE:

Mit dem Auto: Autobahn A 12
bis Abfahrt Fürstenwalde-West,
weiter auf der L 35

Mit der Bahn: Regionalexpress
bis Fürstenwalde, dann weiter
mit der Regionalbahn

ÜBERNACHTEN:

Pension Gorki-Haus,
Ulmenstraße 9, Bad Saarow

GASTRONOMIE:

Villa Ettel,
Schwarzer Weg 6, Bad Saarow

Villa Contessa,
Seestraße 18, Bad Saarow

Landhaus am See Alte Eichen,
Alte Eichen 21, Bad Saarow

KULTUR:

KUNSTraum Saarow,
Bahnhofsplatz 4 a, Bad Saarow

FREIZEITAKTIVITÄTEN:

A-ROSA Scharmützel Golf,
Parkallee 3, Bad Saarow

Wakepark Petersdorf,
Am See 18, Petersdorf

SHOPPING:

Kaffee-Rösterei Bad Saarow,
Seestraße 2 a, Bad Saarow

Seerosenfarm,
Schlehenweg 3,
Rietz-Neuendorf OT Groß-Rietz

WELLNESS:

SaarowTherme,
Am Kurpark 1, Bad Saarow

SATAMA Sauna Resort & Spa,
Strandstraße 12, Wendisch Rietz

WEITERE INFOS:

www.bad-saarow.de

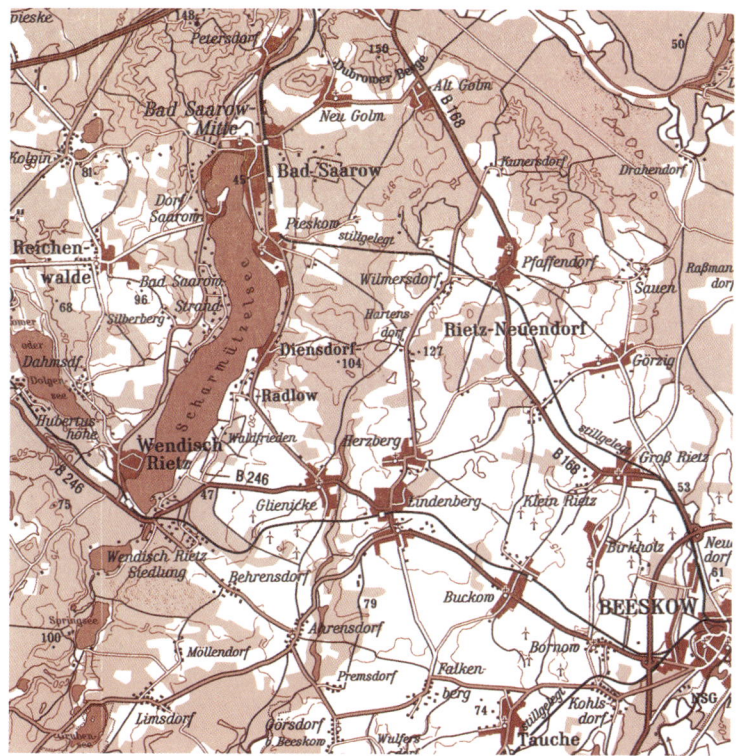

Karte Scharmützelsee, © GeoBasis-DE / BKG 2014

Abgeschieden-heit und absolute Ruhe

Üppiger Baumbestand beschattet
den Weg. Gelegentlich hört der Wanderer
das Plätschern der Schlaube, ansonsten kann
er die Ruhe des Waldes genießen und dem
Zwitschern der Vögel und dem Summen der
Insekten lauschen. Gelegenheit zur Rast
bieten die alten Mühlen, die früher durch
die Wasserkraft der Schlaube angetrieben
wurden und heute Museen, Restaurants
und Hotels beherbergen.

Start in ein Paradies der Ruhe

Das beschauliche Erholungsörtchen Müllrose im Norden des Naturparks wird gern als das Tor zum Schlaubetal tituliert.

Fernab von jeder Hektik erstreckt sich südöstlich von Berlin, nur wenige Kilometer von der polnischen Grenze entfernt, der Naturpark Schlaubetal. Etwa 20 Kilometer plätschert die Schlaube durch ein wild-romantisches Tal, durchstreift stille Seen und sumpfige Wiesen und macht dem Ruf, das schönstes Bachtal Brandenburgs zu sein, alle Ehre.

Tatsächlich kann man von hieraus je nach Fitness diverse Rad- und Wandertouren starten und entlang der Seenkette vom Kleinen und Großen Müllroser See, über den Belenz- und Schervenzsee, den Hammer- und Großen Treppelsee bis zum Wirchensee die nahezu unberührte Natur in diesem schwach besiedelten Landstrich erkunden. Ein Wanderweg von 25 Kilometern schlängelt sich durch diese urwüchsige Landschaft in der etwa 1.000 Pflanzen- und 700 Schmetterlingsarten sowie 140 seltene Vogelarten beheimatet

sein sollen. Da der Tourismus in dieser Region noch sehr verhalten ist, stehen die Chancen, einige davon am Wegesrand zu entdecken, nicht schlecht. So gibt es hier seltene Pflanzen, wie Frauenschuh oder Korallenwurz aber auch die Smaragdeidechse oder der Hochmoor Perlmutterfalter fühlen sich hier wohl. In der absoluten Stille dieses verträumten Tales meint man das Gras wachsen zu hören und lauscht andächtig den vielfältigen Stimmen der Natur.

links Wanderer können kleine und große Tiere am Wegesrand beobachten

rechts Idealer Startpunkt für die Schlaubetal-Tour: der Müllroser See

Petri Heil am Schulzenwasser

Ein ganz besonderes Kleinod für Angler in der langen Seen-kette durchs Schlaubetal ist das nur einen Hektar große Schul-zenwasser mit zwei kleinen idyllischen Inseln – ein Paradies für Wasservögel. Aale, Hechte, Karpfen und Schleie tummeln sich hier in diesem nur anderthalb Meter tiefen Gewässer, und so mancher Freizeitfischer geht mit einem kapitalen Fang nach Hause.

Es klappern die Mühlen

Für Abwechslung auf den langen Strecken durch dieses ein-zigartige Paradies sorgen elf noch erhaltene Schlaubemüh-len ganz unterschiedlicher Art. Die Größte von ihnen ist die heute noch produzierende Müllroser Mühle, die 1275 schon erste Erwähnung fand. Mit ihren sechs Stockwerken in rotem Backstein ist sie eher ein Industriedenkmal, denn eine roman-tische Mühle. Ganz anders die Bremsdorfer Mühle, ein ma-lerischer Fachwerkbau nahe dem Großen Treppelsee, die als gastronomischer Betrieb geführt wird. Der Duft aus dem Räu-cherofen regt den Appetit der auf rustikalen Bänken sitzenden Gäste auf die leckeren Forellen aus der benachbarten Forellen-zucht an, während das Mühlrad unermüdlich das Wasser der Schlaube bewegt.

Die Ragower Mühle, um 1600 am Westufer der Schlaube als Getreidemühle errichtet, später als Schneidemühle genutzt, dient heute mit ihrer erhaltenen Mühlentechnik als technisches

Denkmal und Museum. Eine alte Scheune nahe der Mühle wird auch als Kunstscheune genutzt. Hier werden in ländlicher Umgebung Opern inszeniert und so manche Arie findet im Schlaubetal ihr Echo.

Andere Mühlen werden heute als Fischzuchtanlage, Ort der sozialen Kommunikation, Informationszentrum oder gastronomische Betriebe genutzt.

Gemütliche Rast inmitten des Schlaubetals: das Gasthaus Bremsdorfer Mühle

Im Rhythmus des eigenem Atems

Zwei Kilometer schlängelt sich die enge Straße durch waldiges Gebiet, ehe das »Hotel Kaisermühle« in Sicht ist. Ein gelber Fachwerkbau neueren Datums steht am Rande einer kleinen Siedlung. Hier sagen sich Fuchs und Hase Gute Nacht. Genau dieses Ambiente ist es, was gestresste Städter oftmals suchen. Absolute Abgeschiedenheit, eine großzügige Terrasse mit Blick auf Rosen und Rhododendren, dezentes Personal und Ruhe, Ruhe, Ruhe. Gleich nebenan plätschert die Schlaube. Das Hotel pflegt ein märchenhaftes Charisma und wer den bezaubernden

Direkt an der Schlaube gelegen bietet das Hotel Kaisermühle Ruhe und Komfort

blauen Mosaiken vor den Eingängen folgt, wird in einem der 14 ganz individuell gestalteten Zimmer mit Namen wie Tulpentraum, Wassergemach, Gesindestube oder Kaisersuite die Zufriedenheit des allgegenwärtigen kleinen Kaisers, der seine Krone vor der Tür abgestellt hat, erspüren.

Das »Hotel Kaisermühle« ist auch Ausgangspunkt für meditative Yoga-Wanderungen, die im Schlaubetal beste Voraussetzungen finden. Gestartet wird nach einer Tasse aromatischem Kräutertee auf den Pfad der Achtsamkeit. Ein vegetarisches Drei-Gänge-Menü beschließt das meditative Erlebnis.

Kesselgulasch und kreative Küche

Eine große, von altem Baumbestand beschattete Terrasse hoch über dem See, gibt den Blick frei auf einen verwilderten Uferweg, abgesoffene Boote und eingebrochene Stege. Hier dominiert maroder Charme.

Am Wirchensee, dem am höchsten gelegenen See am Lauf der Schlaube, nahe ihrer Quelle, befindet sich auf einer Halbinsel das »Wald seehotel«. Auf der Terrasse bietet ein Grill Bratwurst und allseits beliebtes Kesselgulasch zur Selbstbedienung. Wer dessen ungeachtet den Service in Anspruch nimmt, wird aufs Angenehmste von der Qualität und kreativen Zubereitung der Speisen überrascht. Der See ist zum großen Teil des Jahres zum Schutz der Fisch- und

Rustikales aus der Gulaschkanone oder kreative Küche genießt man am Wirchensee

Seeadler nicht befahrbar, ansonsten können im Hotel Kanus, Kajaks, Schlauchboote oder Flöße gemietet werden. Angelkarten stehen in geringem Umfang zur Verfügung, sodass es wenigen Anglern vorbehalten ist Aale, Barsche, Hechte, Welse und Zander aus ihrem Element zu fischen.

Unterwegs mit dem Treidelkahn

Auch das Örtchen Groß Lindow am nordöstlichen Rande des Schlaubetals kann mit einer kleinen Attraktion aufwarten. Am Friedrich-Wilhelm-Kanal, der ehemals vom brandenburgischen großen Kurfürsten in Auftrag gegeben worden war, um Oder und Spree zu verbinden, kann ein gemütliches kleines Abenteuer erlebt werden: die Fahrt auf einem Treidelkahn. Vom Kahn aus, der heute elektrobetrieben wird – früher wurde er vom Ufer aus durch Menschen oder Tiere gezogen – genießt man mal eine ganz andere Perspektive auf die unberührte Natur. 1668 wurde der 23 Kilometer lange Kanal fertiggestellt. Er zählt zu den ältesten Binnenwasserstraßen Deutschlands und steht heute unter Denkmalschutz.

Barocke Pracht

Am östlichen Rande des Naturparks umrahmt vom Dorchetal und den Oderauen erhebt sich der gelb strahlende Bau der Stiftskirche St. Marien. Der barocke Bau mit seinem 70 Meter hohen Glockenturm korrespondiert farblich mit dem Gelb der

oben Entschleunigter geht es nicht: mit dem Treidelkahn auf dem Friedrich-Wilhelm-Kanal

unten Eine Idylle am Teich: die Klosteranlage Neuzelle

zahlreichen Seekannenblüten auf dem Klosterteich. Die Kirche ist Mittelpunkt der Klosteranlage Neuzelle mit Kreuzgang, Klausur, Orangerie und einem prächtigen Barockgarten. Italienische und böhmische Künstler brachten im 17. und 18. Jahrhundert all ihren Ehrgeiz ein, um dieses Gesamtkunstwerk, mit seinen bunten Wand- und Deckenfresken, seinen diversen Altären, zauberhaften Putten und dekorativen Säulen zu schaffen, welches heute zu den

bedeutendsten Barockkirchen Mitteleuropas zählt. Die Innenausstattung ist so überwältigend, dass die Augen Mühe haben, alles zu erfassen.

Zu diesem Augenschmaus gesellt sich die benachbarte Klosterbrauerei, in der nach alter Tradition edler Gerstensaft gebraut wird. Hier werden ganz andere Reize angesprochen. Der Klassiker unter den Bieren ist der »Schwarze Abt« und neben Spezialitäten, wie Kirsch- oder Spargelbier kann auch die Kult-Brause »Himmelspforte« hier verkostet werden. Ein nahe gelegenes Landhotel bietet sogar ein Bierbad als Wellnessanwendung an. In frisch gezapften Neuzeller Badebier wird die Haut ganz besonders gepflegt. Weitere genüssliche Versuchungen werden in zahlreichen kleinen Schnapsbrennereien in der Region hergestellt, die diese Tradition aus dem 16. Jahrhundert pflegen.

links Bietet Raum für stille Andacht: ein Seitenschiff der Stiftskirche St.Marien

rechts Auch für leibliche Genüsse ist gesorgt: der Schwarze Abt aus der Klosterbrauerei

Tipps Schlaubetal

ANREISE:

Mit dem Auto: Autobahn A 12
bis Abfahrt Müllrose, weiter auf
der L 37

Mit der Bahn: Regionalexpress
bis Frankfurt/Oder, dann weiter
mit der Regionalbahn

ÜBERNACHTEN:

Hotel Kaisermühle,
Forststraße 13, Müllrose

GASTRONOMIE:

Waldsee Hotel am Wirchensee,
Am Wirchensee 1,
Neuzelle OT Treppeln

KULTUR:

Heimatmuseum im Haus des
Gastes, Kietz 7, Müllrose

Klosterstift Neuzelle,
Stiftsplatz 5, Neuzelle

SHOPPING:

Brennerei im Schlaubetal,
Müllroser Str. 22,
Siehdichum OT Rießen

Klosterbrauerei Neuzelle,
Brauhausplatz 1, Neuzelle

Himmlische Schwester,
Priorsberg 2, Neuzelle

WELLNESS:

Meditation und Yoga im
Schlaubetal, Buchung über
Schlaubetal Tourismus

Wellness-Landhotel
Kummerower Hof,
Kummroer Straße 41, Neuzelle

WEITERE INFOS:

www.schlaubetal-tourismus.de

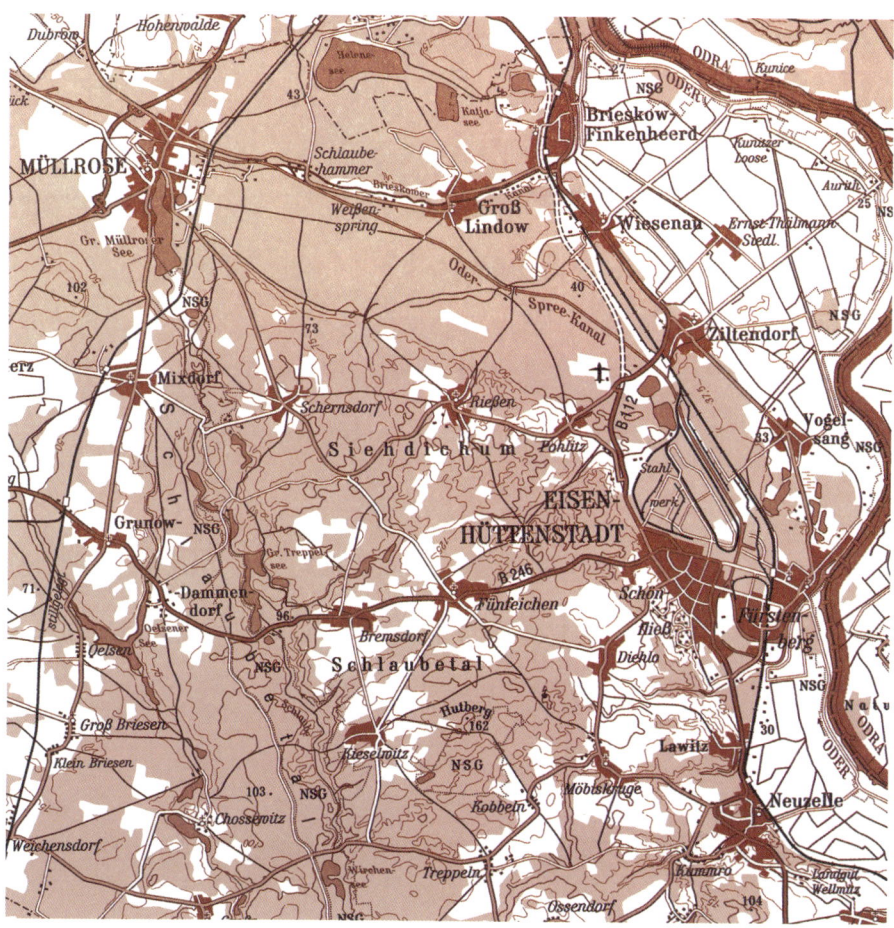

Karte Schlaubetal, © GeoBasis-DE / BKG 2014

Stille und unberührte Natur

Ringsherum herrscht Stille. Manchmal ist das Zwitschern eines Vogels zu hören, und gelegentlich sind begeisterte Bemerkungen zur traumhaften Flusslandschaft von den Fahrgästen des Kahns, der nahezu lautlos durch das Wasser gleitet, zu vernehmen. Ansonsten genießen alle die Ruhe in unberührter Natur, bis wieder, versteckt hinter Bäumen und Sträuchern, ein erstes Haus zu sehen ist. Die Fahrt nähert sich Schlepzig, dem Endpunkt der Tour und Ausgangspunkt weiterer Entdeckungen im Unterspreewald.

Im Labyrinth der Fließe

Wenn man an den Spreewald denkt, erscheinen Orte wie Lübben, Burg oder Lübbenau vor dem geistigen Auge, touristisch erschlossen, kommerzialisiert und weitgehend turbulent. Aber es geht auch anders. Im Unterspreewald ist das Erleben dieses einzigartigen Biosphärenreservates eher durch Stille und Einsamkeit geprägt. Das Labyrinth der Fließe ist unergründlich, die meisten sind nicht befahrbar und so ist die Wahrscheinlichkeit hier dem Eisvogel, der sich im Wasser schlängelnden Ringelnatter oder einem Fischotter zu begegnen, sehr wahrscheinlich.

Der Unterspreewald ist ein ausgedehntes, von zahlreichen Fließen durchzogenes Waldgebiet, ungefähr 80 Kilometer südlich von Berlin. Das Örtchen Schlepzig bildet den Mittelpunkt dieser Region.

Ein besonderes Erlebnis ist die zweistündige Kahnfahrt mit einer Spreewälderin in Festtracht an der Stake. Drei Damen sind in diesem Gebiet im Einsatz und werden von der männlichen Konkurrenz argwöhnisch beäugt. Die Tour führt durch die einzigartige Wasser- und Waldlandschaft von Hauptspree, Puhlstrom und Wasserburger Spree. Wie ein verwunschener Märchenwald erscheint das urwüchsige Gebiet mit hohem Baumbestand, Farnen, Schilfgras und vermoosten Baumstümpfen, auf denen auch schon mal ein Kranich oder der seltene Schwarzstorch Rast macht. Gelegentlich zieht ein Seeadler seine Kreise. Am Ufer hinterlassen Biber, die hier nach langer Zeit wieder heimisch sind, ihre Spuren. Manch stattlicher Baum fällt ihnen zum Opfer. Bibertreppen sind am Ufer zu entdecken und die Luft ist erfüllt vom Zwitschern der Vögel und vom Summen der zahlreichen Libellenarten, die den Kahn immer wieder ein Stück auf seinem Weg beglei-

oben Unberührte Natur
zeichnet den Unterspree-
wald aus

unten Im eigenen
Paddelboot lässt sich der
Spreewald am besten
erkunden

ten. Individualisten können dieses Paradies auf Heu liegend an sich vorbeiziehen lassen. Die Kahnfährfrauen machen es möglich. Auf längeren Fahrten werden im Herbst heiße Kürbissuppe und frisches Gurkenbrot serviert.

Alles in einer Straße

Schlepzig, einer der ältesten Orte im Spreewald, kann sich rühmen, schon mal mit dem Titel »Schönstes Dorf in Brandenburg« ausgezeichnet worden zu sein. Und das mit Recht. Das Örtchen ist sehr gepflegt und die pittoresken Fachwerkhäuser mit ihren Attraktionen reihen sich wie Perlen einer Kette an der Dorfstraße aneinander und formieren sich zu einem ausgesprochen charmanten Ausflugsziel.

Gleich gegenüber dem kleinen Kahnhafen, wo die Fährmänner auf Kundschaft warten, gibt es eine Besonderheit zu bestaunen, den Weidendom, einen Veranstaltungsort aus Weidenastwerk geflochten zu einer hohen Rundkuppel, kleiner Bühne und Bestuhlung. Er kann sowohl für Tagungen, Hochzeiten oder kulturelle Veranstaltungen genutzt werden und strahlt mit seinem natürlichen Blätterdach einen ganz besonderen Zauber aus.

links Nager am Werk: Immer wieder begegnet man den Spuren der Biber

Mitte Ein origineller Open Air-Veranstaltungsort: der Weidendom

rechts Blick aus der Mühle auf die Dorfstraße von Schlepzig

Spreewälder Gaumenschmaus

Hier wird Spreewälder Küche geboten, und ob kalte Gurken-
raspelsuppe mit gartenfrischem Dill und Räucherlachs-Tatar,
Schlepziger Fischsuppe oder Spreewälder Schmorgurken, im
Bierglas serviert, mit Rosmarinschinken, die Zubereitung der
Gerichte ist nicht nur ein Kitzel für den Gaumen, sondern auch
ein wahrer Augenschmaus.

»Zum grünen Strand der Spree« heißt der Landgasthof mitten in Schlepzig, nicht zu verfehlen gleich neben dem impo-
santen Brauhaus der Spreewälder Privatbrauerei. Sowohl das
Restaurant als auch der Hofgarten beeindrucken mit großzügi-
gem Landhausambiente. Im Winter erzeugt das Feuer im tradi-
tionsreichen Kachelofen aus der Zeit um 1895 wohlige Wärme,
im Sommer können die Gäste die entspannte Atmosphäre auf
der Terrasse mit Blick auf die weite Landschaft und die typischen Heuschober in dieser Region unter schattenspendenden
Kastanien genießen. Diverse Biersorten gibt's frisch aus dem
benachbarten Brauhaus.

Bier, Whisky und regionale Spezialitäten

Direkt am Spreefließ gelegen, befindet sich der Biergarten der
Privatbrauerei. Seit 1788 gibt es an dieser Stelle das Brenn-,
Brau- und Schankrecht. Das Bier hier wird nicht in Flaschen
abgefüllt. Der Gast kann aber eine 3-Liter-Bügelflasche frisch
gezapftes Bier mitnehmen, wird aber zum zügigen Verbrauch

animiert, denn der leckere Gerstensaft enthält keine Konservierungsstoffe.

Ganz anders die Produkte der Spreewaldbrennerei, die sich mit Liebe und Kreativität der Herstellung von Hochprozentigem widmet. Herrliche Liköre und Obstbrände entstehen aus Spreewälder Quitten sowie den Ernten der wunderbaren alten Obstbaumalleen, die durch den Spreewald führen. Steinpilzschnaps, Mispelbrand und Dilldoppelkorn stehen ebenso im Brennerei-Shop, wie der hier kreierte Whisky »Sloupisti«, der auf speziellen Kahnfahrten verkostet werden kann.

Die Luft auf dem Brennereihof ist alkoholgeschwängert und schon beim Atmen meint man die Wirkung zu spüren. Einen ganz eigenen Kult entwickelte die Brennerei mit ihrem Spreewälder Aquavit. Angeregt von einem großen Konkurrenten, der sein Lebenswasser in Holzfässern den Äquator passieren lässt, werden die 50-Liter-Fässer drei Tage lang einmal um den Spreewald gestakt, um dann in zehn Spreewaldorten vermarktet zu werden. Das Besondere an diesem Wässerchen ist die Zutat von gerösteten Gurkensamen. All dies kann besichtigt und genossen werden in der Dorfstraße 56.

Das Mühlenmuseum schräg gegenüber in der historischen Getreidemühle

oben Anziehungspunkt für Gourmets: Spezialitäten aus dem Spreewald

unten Hochprozentiges in allen Variationen wird in der Schlepziger Destille gebrannt

ist ebenfalls einen Besuch wert. 1740 erbaut und 1995 restauriert, ist hier noch die Mühlentechnik zu bewundern. Im kleinen Shop kann man frisches Mühlenbrot und leckere Spreewälder Produkte, wie Senf, Gurken, Sauerkraut oder Fruchtgelee erwerben. Gleich nebenan in der Alten Mühle ist die Flora und Fauna des Spreewalds auf ganz ungewöhnliche Weise zu betrachten, nämlich aus der Unterwasserperspektive. Das Leben und Arbeiten der Spreewälder in den letzten Jahrhunderten wiederum ist im Bauernmuseum, einem Hofensemble aus Wohnhaus, Scheune, Kuhstall, Feldscheune, Backhaus und Kräutergarten, ebenfalls an der Dorfstraße, sehr anschaulich dargestellt.

All dies ist eine kleine beschauliche Erlebniswelt. Wer mag, kann einen Kahn, ein Paddelboot oder Kanu leihen, um selbst einmal durch die Schlepziger Schleuse zu schippern, wo Eigeninitiative beim Schleusen gefragt ist, oder mit dem Radel den immerhin 260 Kilometer langen Gurkenradwanderweg erkunden. Wundervolle Eindrücke vermitteln auch die Feste

Tor auf und ab in die Weiten
des Spreewaldes

der traditionsbewussten Spreewälder, wie das Schoberfest, das
Fischerfest zum Abfischen der Teiche oder das Kahnkorso mit
den fantasievoll geschmückten Kähnen.

Mit dem Schlafsack unterwegs

Wer es im eigenen Schlafsack am gemütlichsten findet, der
kann nur vier Kilometer von Schlepzig entfernt in die »Scheunenherberge« in Neulübbenau einkehren. Vier Schlaf-Ställe stehen dem müden Reisenden preiswert zur Verfügung, um die
Nacht im Stroh zu verbringen. Etwas komfortabler geht es im
Gesindehaus zu, für alle, die den Schlafsack vergessen haben.

Gästen mit gehobenen Ansprüchen sei allerdings das »Hotel
Müggenburg« in Schlepzig empfohlen.

Tipps Unterer Spreewald

ANREISE:

Mit dem Auto: Autobahn A 13
bis Abfahrt Staakow, weiter auf
der Landstraße über Krausnick
nach Schlepzig

Mit der Bahn: Regionalexpress
bis Lübben, dann weiter mit
dem Bus

ÜBERNACHTEN:

Hotel Müggenburg,
Grüne Wiese 11,
Schlepzig

Scheunenherberge,
Berliner Chaussee 1,
Unterspreewald OT Neu
Lübbenau

GASTRONOMIE:

Landgasthof Zum grünen
Strand der Spree,
Dorfstraße 53, Schlepzig

KULTUR:

Bauernmuseum Schlepzig,
Dorfstraße 26,
Schlepzig

FREIZEITAKTIVITÄTEN:

Kahnfährfrau Jacqueline Fischer,
Dorfstraße 56, Schlepzig

Fahrrad- & Paddelbootverleih,
Dorfstraße 45, Schlepzig

SHOPPING:

Mühlenladen,
Dorfstraße 52, Schlepzig

Spreewälder Feinbrand
und Spirituosenfabrik,
Dorfstraße 56, Schlepzig

WEITERE INFOS:

www.schlepzig.de

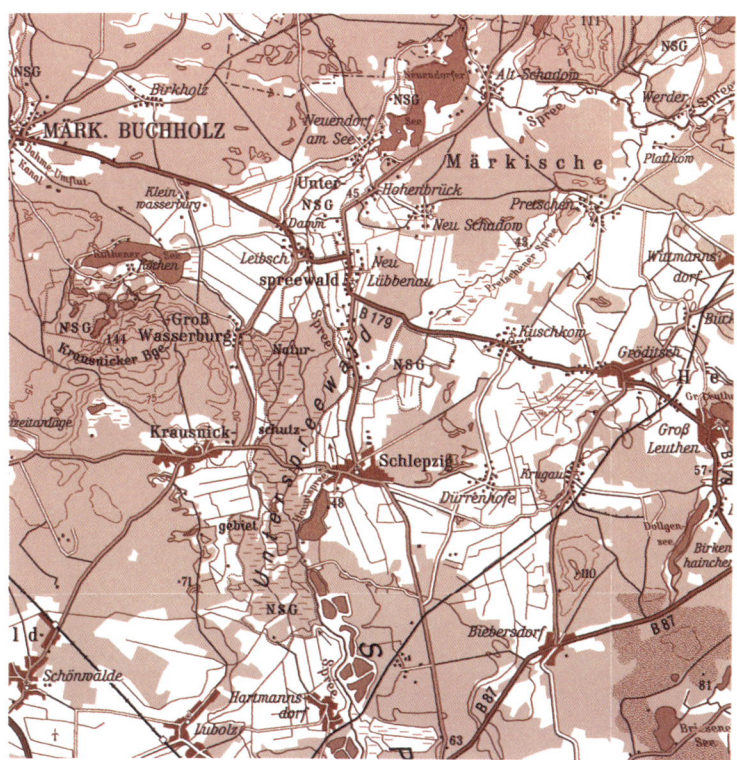

Karte Unterer Spreewald, © GeoBasis-DE / BKG 2014

ABBILDUNGSNACHWEIS

Alle Fotos: © Peter Rieprich , außer:

S. 59, S. 82 oben: Vergangenheitsverlag

S. 136 oben: »Paretz Gotisches Haus«. Lizenziert unter CC BY-SA 3.0 über Wikimedia Commons – http://commons.wikimedia.org/wiki/ File: Paretz_Gotisches_Haus.jpg#/media/File:Paretz_Gotisches_ Haus.jpg

S. 137: Hotel Bollmannsruh

S. 155 unten: »Strandbad Buckow Schermützelsee 03« by Lienhard Schulz – Own work. Licensed under CC BY-SA 3.0 via Wikimedia Commons – http://commons.wikimedia.org/wiki/File:Strandbad_ Buckow_Scherm%C3%BCtzelsee_03.jpg#/media/File:Strandbad_ Buckow_Scherm%C3%BCtzelsee_03.jpg

S. 157: By Lienhard Schulz (Own work) [CC BY-SA 3.0 (http://creative-commons.org/licenses/by-sa/3.0)], via Wikimedia Commons

S. 237: Kevin Prönnecke

S. 291: Spreewälder Feinbrand und Spirituosenfabrik

Alle Karten: © GeoBasis-DE/BKG 2014